U0051463

社區造校：親師生為桃子鄉新址種植環校綠籬。

社區親師生共學：三峽藍染課程。

社區種子團隊：薩克斯風表演結束與蘇貞昌縣長合影。

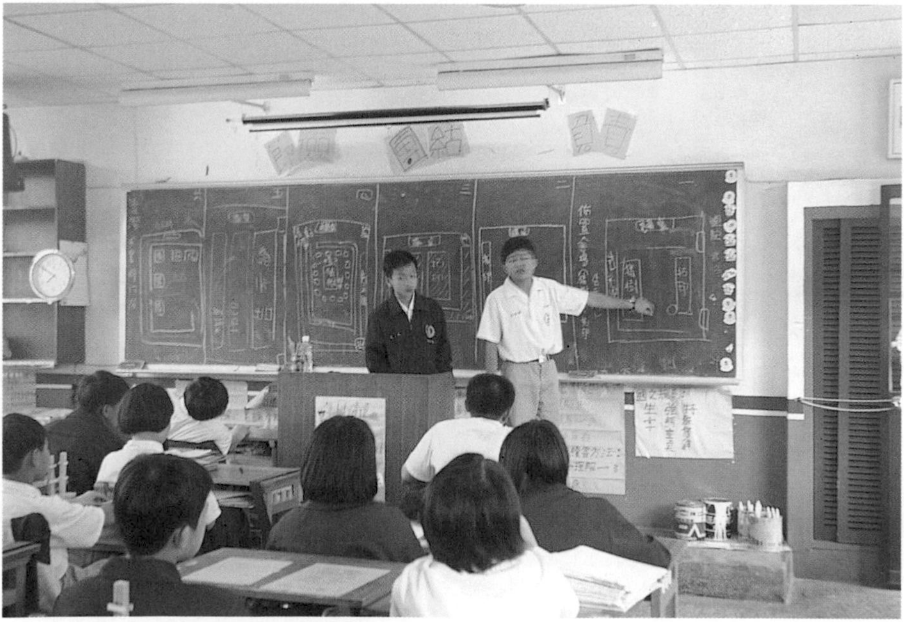

班級自豪運動：分組熱烈討論班級事務。

班級自豪運動：親師生參與三峽水燈節遊街活動。

班級自豪運動：家長參與設計社區主題課程。

尪公文化祭班級陣頭。

尪公 vs. 電腦遶境。

打造孩子的夢想王國：三年後花樹大道紫羅蘭盛開。

打造孩子的夢想王國：學生設計校園步道，進行瓷磚拼貼作業。

打造孩子的夢想王國：學生彩繪花樹大道柱子。

班級自豪運動：一班一社區討論班級事務。

教師見學：與千葉大學宮崎清教授合影。

教師見學：德國漢諾威史坦戶德小漁村生態區。

教師見學：神戶市湊小學校。

教師見學：日本左原大祭，游家政教授隨行。

改變，
是為了給孩子
更好的未來

反骨校長 王秀雲 的
教育改革傳奇

王秀雲——著

【推薦序】

我的名字是老師，也是校長

丹鳳高中教務主任　宋怡慧

傳說，冰天雪地的西伯利亞，曾綻放一朵千年雪蓮，別人讚嘆它的珍貴與美麗時，我們應讚賞它歷經千年冰雪擠壓的煎熬，終能掙脫冰雪覆蓋的勇氣。

王秀雲校長的故事中，看見千年雪蓮的力量，一段一段拚出教育工作者熠熠閃亮的身影，她是了不起的老師，更是有教無類的優質校長。

台灣有她，教育有她，我們值得驕傲。

翻開頁扉，我被這段文字震懾：

「我今天帶來的就是誠意。」

「我喝茶，陪你喝酒，最夠意思了，因為你喝完酒，回家呼呼大睡，我喝完茶，一整個晚上都睡不著覺！」

一位女校長，在三十三歲那年，成為全台灣最年輕的國中女校長。她被分派到桃園復興鄉介壽國中，要面對一個陌生的社區與學校，在文化與教育之間拉扯與學習。慧黠的她化解了危機，給自己一個空間，也給別人一個台階，這就是王秀雲的生活智慧與人生哲學。

帶點「反骨」性格的她，深信教育無法重來，是社會工作者，亦是教育工作者，她與人口販子的搶人大作戰，救回學生的學習與人生。藉水蜜桃之夜，推廣部落「生財之道」，提早注入民宿風潮，跨大資源讓社區共好。從不把自己當過客，努力為復興鄉爭取在地公立高職，發展具原住民特色的編織、木作，讓學生能學到一技之長的課程與學習……一切都正蓄勢待發，她的校長夢似乎將在這裡扎根、茁長、開花。

突然，柑園國中開始向她頻頻招手，對於母校的殷殷企盼，在留下或離開的兩難，最後以「回饋家鄉」的理由，讓她回歸柑園國中，準備把一生所學貢獻給自己的母土、母校。

她從整頓校園環境開始，以「割草」改變校園氛圍，告訴老師：「如果你們不認同學校，不好好地對待學生，我可以在一個月內叫全校三百多個學生轉走，讓柑園國中廢校……」這番話極具挑戰性，卻也讓老師明白：她是真心渴望做事，想重新點燃老師的教學熱情，在大破後，有個大立的契機。

毫無保留開放自己，也啟動親師生對話平台，讓大家知道：她重視與團隊的每個人溝通：從硬體設備到教學內容、課程設計、班級經營，大家集思廣益，共同來執行，讓學校變得更好。

王秀雲回首三十多年教育生涯，對自己影響最深的人就是胡佩璋校長。遇見生命的伯樂，讓她成為馳騁教育戰場的千里馬。胡校長的提攜和教導，肯定與信任，讓秀雲校長在教育上不斷前進。以務實為導向，運用管理的思維面對事情、解決問題。胡校長曾說：「圖書館是知識銀行，這裡面的無限寶藏是這窮鄉僻壤的孩子們唯一的精神食糧。你願不願意地方上的孩子們將來和你一樣傑出呢？」這段話讓她體會到知識對於一個社區、學校、學生的重要。

一九九四年，王秀雲校長在柑園國中導入戴明的「系統觀」與「知識觀」，用系統思考的全面品質管理來改善校園文化。藉由社團活動多元課程，鬆綁刻板的課堂學習，激發孩子的潛能，讓原本升學率吊車尾的柑園國中，頓時一躍成為三鶯地區的升學名校。

學校是創造有意義的學習場所，開發具有前瞻性、回歸教育本質的活動和課程，它與孩子的生命經驗緊緊相隨，引導他們走向真善美的人生境界。這件比成績更重要的事，讓老師以柑園為傲；孩子以家鄉為榮。透過生活的實踐，建構社區與學校共好的意義：很多事情不是今天播種，明天就收割。時間沉澱真實的力量，讓歷程成為最美好的等待。王秀雲帶領柑園搖身一變成為積極為社區而存在、而服務、而創造的學校，也走在自發、溝通、共好的教育旅程。

王秀雲校長企圖「打造孩子的夢想王國」，建構學習型的學校、學習型的社區，「社區學校」具備培育社區人才、傳揚社區文化、提供公共空間、建立學習社會四大功能，彼此環環相扣，共生共榮。家鄉，是一塊至親且豐富的土地，社區學校，是讓孩子從小建構實質的行動能力最根本的地方。

翻轉民俗祭典形象、還原地方精神與文化，讓學生積極參與社區活動，熱情與社區產生互動，讓在地力量，透過課程的引導，找對方法，孩子就能樂在學習，成為具備全球視野的世界公民。

看到影就尋找光源，跟著王秀雲校長踏實的步履，她以獨特神韻的舞步，帶領我們望見教育窗外的藍天湛藍清明，一位走在自己教育路上的校長，讓我想起魯迅的話：橫眉冷對千夫指，俯首甘為孺子牛。教育魂正在閱讀的流光中燃燒著。

目錄

Part 1 打造柑園傳奇

Part 2

無限寬廣的教育舞台

【自序】

十年後，我們的孩子在哪裡？

為什麼是十年？

專家研究人的成熟期是二十五歲，台灣的孩子投入職場是二十五歲。孩子十五歲從國中畢業，十年後這些孩子是二十五歲。

身為國中校長，我念茲在茲的是：十二、三、四歲的小孫悟空被義務的、學區制的緊箍咒箍在圍牆裡，三年能不能學會七十二變的基礎邏輯？因為我的所學告訴我：一個人成就功業的興趣、能力和習慣的養成，國中三年是關鍵期，這三年既可矯枉，亦可展根。

三十年前，宴席上露出無限光彩：「本來已找好工作了，教授認為他很優秀，給他獎學金留下來讀碩士班……」、「他從美國回來，在〇〇公司當……」的爸媽比比皆是。二十年前，聚會場所不乏感慨：「他不知道要做什麼，只好去讀研究所……」的爸媽。十年前「新台灣之子」話題引起社會討論，十年後的一個星期天，我在柑園公車站牌等車，二十幾個外勞朋友們的嬉鬧，讓我直覺：「好像我才是外國人」！

處在一個地球村的時代，十年後我們的孩子勢必散布在世界各地與來自不同國家的朋友一起工作和生活，即使不離開家鄉台灣，也必須和來自不同國家的朋友在一起。十年之後，無論從事任何行業，都必須讓更多的人「懂你」，包括你的理路、你的產品、你的文化。所以，十年之後，我們的孩子有可能是千磨萬難猶堅勁，任爾東西南北風，也有可能是無根的浮萍，隨波逐流。端看他小時候家鄉的教育給了什麼！

十年，不是短視，而是教育工作者「雖天地之大，萬物之多，而吾唯蜩翼之知」的堅持。不要口號，不要噱頭，我們的孩子十年之後要展翅，十年之前的國中教育就要像一個健康的子宮，給予孩子多元、豐富、公平（均衡）的營養——尤其是微量元素。

微量元素的供給和攝取，必須在一個民主的國度裡，必須在一個多元的社區中，更必須有一個「為了社區而存在」的開放學校。台灣三千多所國民中小學本身就具足這些條件，只要我們努力於「透過影子去尋找光源」的教育行動方案，帶著孩子去感應生活周遭的人、事、地、景物，進而挖掘屬於自己獨有的光芒，創造自己獨有的臉譜，十年後成為有能力且仁慈的自信的世界公民。

★ Part 1 ★

打造柑園傳奇

一個都不能少

三十三歲那年，我成為全台灣最年輕的國中女校長，第一個被分派的學校是桃園復興鄉的介壽國中。這所學校地處偏鄉，全校師生不到四百名，其中百分之九十五以上的學生都是泰雅族原住民。

還記得當初走馬上任時，前任校長特別邀請我去當地一家餐廳吃飯，那時日正當中，他們竟然就開喝起來，並且倒了滿滿一杯酒放在我面前，滴酒不沾的我當下愣住了！

雖然我當場表明不喝酒的立場，但一旁作陪的訓導主任還是慫恿地說：「這是我們泰雅族最高禮節，不喝就是沒誠意，不夠意思！」

我靈機一動，回道：「我今天帶來的就是誠意。」

「喔？」

「我喝茶，陪你喝酒，最夠意思了，因為你喝完酒回家呼呼大睡，我喝完茶一整個晚上都會睡不著覺！」

幸好這番急中生智的話，化解了原本尷尬的氣氛。

剛到這所山地學校，我就發現它所面臨的問題比我想像中要嚴重，包括學校地層下陷、師生宿舍老舊待修、學生學習動機低落、入學人數逐年減少、失學人數卻不斷上升、老師離職率高……等校內外問題像捅到馬蜂窩一樣接踵而來。

為了實際了解學生的家庭狀況，我到附近的小學和部落教會探訪、參加一村又一村的村民大會，發現這裡和許多山地鄉一樣，面臨了生存不易和村民嚴重酗酒問題。為了謀生，許多原住民成年人只能下山去都市討生活，家庭功能遭到破壞，有相當高比例的家庭都是隔代教養，至於留下來的居民也都有酗酒的問題。我曾經白天前往一位曠課多日的學生家探訪，當場目睹學生和家長喝得醉醺醺地一起倒在地上。難怪當時有句玩笑話是：「有錢睡地上、沒錢睡床上。」一面對這樣的狀況，我心裡難受到極點，很想為這些弱勢學生和家庭找到更好的出路。

由於我一個人時間有限，無法全盤了解所有學生的家庭狀況，所以要求全校老師都要進行家庭訪問。我把規劃好的路線、分派的座車貼在教師辦公室門口，請大家利用段考後週六做地毯式「集體家訪」；倘若時間允許的話，我也會親自帶著老師們一家家去登門拜訪。這個舉動讓家長們意識到，新上任的校長除了十分關心學生之外，也很重視地方事務，使得日後我在推動各項政策時，獲得更多的支持。

那時，週六為了家訪停課於法無據，但是駐區蘇永明督學（現任教於國立清華大學南大校區）告訴我：「隔週六上全天課，補回來就好了嘛！」於是我和老師們安心地揹著睡袋去巴崚、爺亨、卡拉賀部落進行家訪。思想開明的蘇督學可說是權變領導的實踐者。

此外，我也請輔導室主任和在地的老師騎著摩托車穿梭在前山、後山之間，一一做調查，結果發現竟然有五十六位失學的孩子（原本這所學校被教育廳評定生活教育績優學校，中輟學生數據是「零」）。而如何找回這些迷失的孩子，也成了我這個新手校長的一大課題。

與人口販子的搶人大作戰

民國七、八十年代的台灣，雛妓問題嚴重，尤其是在山地鄉，有些家長把女兒視為搖錢樹，將她們賣入私娼寮，再用她們辛苦賺來的皮肉錢為家裡蓋房子、買摩托車。不少未成年的女學生被推入火坑，有的仲介人就是她們的親生母親與姐姐，而且宣稱「我們又沒去偷、沒去搶，靠自己的勞力賺錢有什麼不對？」這個殘酷的事實令我感到痛心。

於是，我的另一項考驗又來了！就是和人口販子周旋，從他們手中搶回那些瀕臨失足的女學生。當時我和勵馨基金會以及法務部的「百合計畫」合作，為了確保女學生不在校外被帶走，所以每到星期六放學時刻，我一定站在校門口親自點名，把學生們一個個送上車才安心。星期一早上到了學校我也會立刻點名，確定一個學生都沒有少。

每個星期一，卡拉賀部落的光華國小楊校長都會接到我的電話，請他到部落協助找尋孩子，而他的熱心幫了我很大的忙。

也許之前家訪的效應得到不少家長認同，所以部落一有狀況，就會有線民向我通風報信。曾有一位家長打電話向我通報部落中有人買了新的摩托車，我就知道他拿了人口販子的訂金準備賣女兒。我估計不出一個星期，保鏢就會前來帶人，於是請輔導室安排老師天天輪流去那戶人家盯梢，果然等到保鏢把孩子帶到中壢市區準備交人，我們馬上報警攔人，等機緣成熟了再將她交給勵馨基金會安置。

雛妓背後存在著盤根錯節的地方勢力，也有黑道介入，不是我這個勢單力薄的國中校長可以完全制止的，和人口販子周旋的救援工作，讓我時常壓力大到噩夢連連。但是多年後回想起來，像我這樣「擋人財路」的行徑沒有被人砍死，也算是老天對我的恩惠吧。

校長不只是校長，也是社會工作者

在桃園復興鄉任職的這段過程中，我深刻體認到，校長雖然是教育工作者，但在某些特殊的地區，反而更像是社會工作者。因為學校問題和當地居民緊緊相扣，做為校長不能只關在學校象牙塔裡做事，如果想要幫助學生走出困境，相對地也要涉入社會議題，否則根本無法解決問題。

因為探訪常缺課學生的家庭，我才知道山地鄉家庭的酗酒問題有多嚴重。首先，我從「社區輔導」做起，在當地召開村民大會時，宣導不酗酒的觀念；每個星期日我也和其他老師輪流到部落教會門口等待做完禮拜的家長，向他們說明不酗酒、不能賣女兒的理由。當然，這種根深柢固的生活方式不是一場宣導大會就能達到效果，常常會議一結束，熱情的部落居民拿著酒瓶就在操場開起飲酒派對。

學生來自部落，帶來了部落的問題，我知道不是短時間內憑個人的力量就有辦法改善和解決的。每位學生的背後都有不同的家庭問題存在，而在解決學生問題的同時，更強化了我的能量和信心，讓我想為這個社會做更多的事情。由於原住民謀生不易，為了創造更多就業機會，我努力為他們種植的水蜜桃找更好的銷售平台，並成立竹籐編織社團，希望能將原住民的傳統手工藝保存下來。

為了推廣水蜜桃，一九九一年夏天，我參與規劃第一次在巴崚國小舉辦桃園縣復興鄉「水蜜桃之夜」，北橫路上人車絡繹不絕，現場冠蓋雲集。劉邦友縣長在台上高唱他的招牌曲〈風飛沙〉，唱到一半，操場突然颳起一陣風，塵土飛揚，身為復興鄉原住民的陳議員，馬上為巴崚國小請命，爭取一條PU跑道，台下居民也一起起鬨，聽到劉縣長慨然承諾撥下兩百萬元經費，現場傳出了如雷的掌聲。

藉著水蜜桃之夜，其實我還推廣另一個「生財之道」，就是家家戶戶把空出來的房間打掃乾淨、提供外賓住宿，這也和近來台灣興起的民宿風潮，不謀而合。

接下來我想做的事情更多，例如：爭取在當地設立一所公立高職，發展具原住民特色的編織、木作、不汙染水源的高經濟農作物栽培等實用課程，讓部落原住民可以學到一技之長，不用到都市去打工……但是此時，我的家鄉——柑園國中卻向我殷殷招手，幾經思量，最後我決定回到家鄉柑園的懷抱。

儘管如此，這兩年在介壽國中的經歷，成了我日後以多元文化思考改造柑園國中的養分。它讓我深刻體悟到，教育問題的表象也許不一樣，問題的本質卻是相同的。

改變，是為了更好的未來

逐漸適應山地的生活後，我規劃了許多政策努力執行，但昔日在柑園國中任教的學生上山探訪我時，不經意地透露柑園國中的現況，讓我聽完不禁眉頭深鎖，內心暗暗感到吃驚：「怎麼離開五年就變成這樣？」

後來經由學生引薦認識一位柑園國小家長會委員楊勝坤先生，和熱心地方事務、關心教育的他談完後，我開始萌生提早回家鄉服務的念頭，申請調動成功後，一九九二年回到「母校」柑園國中擔任校長。

當我懷抱著「回饋家鄉」的熱情踏進校園，看到的不是往日花木扶疏、整潔乾淨的校園，而是長滿比人還高的雜草；廁所沒有門，因為門被學生踢壞沒有錢修理，只能用三夾板克難地釘上去；操場升旗台被學生用噴漆寫著一個大大的「幹」字……至於學生的狀況比校園環境更讓我怵目驚心。

不到五年的時間，柑園國中已從胡校長治理的優良學校變成當地人口中的流氓學校，學生抽菸、無照騎摩托車、打群架是司空見慣的事，而且畢業典禮還要出動警察來維持秩序，甚至連毒品都出現在校園裡……結果，有能力的家長紛紛把學生轉走，能調走的老師也紛紛選擇了離開。

頂著七月炙熱的太陽，我站在操場中央，望著這一切，彷彿兩年前剛到介壽國中時一樣茫然，我知道老天不會讓我輕輕鬆鬆地過日子，未來還有許多考驗和挑戰等待著我……

整頓校園，從「割草」開始

我計畫改造校園的第一步，是先除掉操場上的雜草。當時正值暑假，老師都還未上課，學校可以動用的人力只有五位：我、主任三位、校工一位。當我提議要割草時，他們都露出一副不可思議的表情，也不願意幫忙，最後由我和總務主任李惠銘上場，後來訓導主任洪國師也捲起衣袖加入勞動行列，教務主任劉麗梅則戲稱自己揹不動割草機，至少可以負責燒開水泡茶、煮點心。

按照排班表，我是負責早上五點到七點、下午四點到六點的班，我也毫無怨言地揹起割草機當起女工。當我割得滿頭大汗時，學校工友卻在警衛室翻報紙，面對三台四分五裂的割草機，我問他能不能修好時，他以「我已三年沒割過草了！」來回應。

我一臉狐疑地看著他，心想：「我印象中的他不是很勤快嗎？」此時我才頓悟到：一個學校校長不像校長，老師就不像老師，工友就不像工友。

後來我到鶯歌一家農機行買了台割草機，但因為新的機型太貴，只好先用賒帳方式，等下一季的預算下來時再還款。

由於我身材嬌小，操作笨重的割草機一段時間下來，背部都瘀血了。後來，「校長親自割草」的消息不脛而走，介壽國中兩位工友特別請假從復興鄉趕來協助，一些家長也前來當義工幫忙，我的「割草女工」生涯才得以落幕。

往後，每當有人問我是用什麼方式讓柑園國中起死回生時，我都會開玩笑地說：「苦肉計」。這段經歷也讓我深切體認到想要完成一件事情，必須要先以身作則，吸引更多人來共襄盛舉。

重新點燃教學熱情

在剛接手柑園國中時，遇到百百種的問題，除了學校硬體設施需要建設，我發現連老師都需要「再學習」，否則政策無法推動。

當時柑園國中有數年時間在地方上風評不佳，學生的學習動機不強，而老師在課堂上往往對學生也沒幾句好話，不是批評學生程度差，就是嫌棄家長不講理，形成了惡性循環。此外，老師們之間也各自形成了一個個封閉的小團體。

我自己也是過來人，了解老師的最大成就感是「得天下英才而教之」，但資優學生畢竟是少數，如果能把資質普通的學生教育成為傑出的人才，這才是至高無上的榮耀。因此，當我聽到校內老師抱怨學生和家長時，忍不住反問他們：「如果學生和家長都很好，這個老師還輪得到我們當嗎？」

在一次校內會議時，我嚴肅地對幾位老師曉以大義：「如果你們不認同學校，不好好地對待學生，又不想自行離職，我可以在一個月內叫全校三百多個學生轉走，讓柑園國中廢校，你們也可以讓縣政府介聘到想去的學校。但是，我會留在這裡，等待另一批新聘進來的老師。」這番話，讓在座的老師們聽了臉色凝重，不發一語。

我知道那些不認同我的老師肯定在心裡沒好話，但身為校長，我必須具備「被討厭的勇氣」，不能只想做個爛好人。面對這個狀況，我知道柔性勸導效果不大，至於要如何扭轉老師的觀念，重新引燃他們的熱情，就是我的責任。

接下來，有人認同我的理念，也有人不為所動，依然故我。這時我開始以「教育理念是否正確？」、「對學生是否用心？」、「是否認同這個社區？」這三個條件，做為判斷老師是否適任的標準。當我認為某個老師符合標準時，就會趁著過年放寒假的時候，開著車去中南部，一一拜訪他們的家，並且向他們的父母表達感謝之意，讓他們的孩子願意將心力和時間奉獻給柑園國中。他們的父母看到校長親自登門造訪，想必自己的子女一定是在學校表現優秀，因此與有榮焉。

至於不認同我的老師，我則採用「冷處理」的方式。幾年下來，那些不適任老師大都自動選擇調去他校，留下來的都是願意與我一起認真打拚的老師。

為了找到志同道合的老師，我也主動出擊，免費提供場地給師大教育系辦研習，並安排研習同學到附近居民家洗澡，培養互動關係。另外，我也免費為這些未來的老師講述兩節課，宣揚自己的教學理念。果然這個策略很快奏效了，幾位師大學生上完我的課，把到柑園國中任教當成第一志願。

開啟對話平台

雖然身為校長，學校政策最後由我定奪，但我很重視與團隊中每一分子的溝通。上任後我將原本制式的導師會報改成每星期一次的「導師高峰會」，鼓勵老師們提出對推動校務有益的企劃案，從硬體設備到教學內容、課程設計、班級經營，大家一起集思廣益，共同來執行。

除了在會議中聽取老師的意見之外，私底下我也很喜歡找老師們聊天，聽聽他們對於學校、學生、課程的看法。有時聊著聊著，一句不經意的話、一個很棒的點子就成形了。這時我會鼓勵老師趕快擬定一個企劃案，在段考下午的教師進修時間，向全校老師發表，並且聽取他人的意見，加以修正，最後把這些想法付諸行動。

許多老師都有很棒的教學理念，藉由這個機會，不僅讓他們可以發揮所長，從幫助學生找到學習的樂趣中得到成就感，提高對學校的向心力。

看著學校逐漸一步步地轉型，距離我理想中的目標越來越近，心中自是充滿喜悅，而我也更堅信：唯有改變才能推動這所停滯已久的學校向前邁進，看見更美好的未來。

教育是一條走鋼索的路

我從小在樹林柑園地區長大，這個盛產稻米的小鎮，是個美麗純樸的地方，但隨著社會工商業的蓬勃發展，往日的農田紛紛蓋起小型鐵皮屋加工廠，外來人口增加，使得柑園國中學生家庭也跟著多樣化。因為學校行政不彰、升學績效差，那些注重孩子課業發展的家長，紛紛讓自己的子弟越區就讀，這無疑是在身為校長的我臉上打了一記耳光。

在我回到柑園國中之前，地方上已有不少人提醒我：「哪一個學校不好去，偏偏回來這個得癌症的學校」、「現在到處都是政治校長，女校長只要懂得長袖善舞就好了！」

而一些關心學生成績的家長則頻頻問我：「王校長，你的升學政策是什麼？」

面對漫天飛舞的流言蜚語，我決定先把它收進我的「乾坤袋」，表面上按兵不動，繼續依照自己的計畫進行，然後把校務發展的底限定在「三分對上交差，七分對下交代」。

我告訴自己，只有一件事絕不能忍受：「當年度全縣只有一個校長被考核乙等，而那個人就是我」，至於任何獎項，我統統都不奢望。所以在柑園國中期間，我從未因校務績效受到褒揚，但老師、學生們卻獲獎無數，這還是給了我很大的鼓舞。

「小時候，我希望擁有一把鑰匙，它是權柄的象徵；長大後，我仍希望擁有一把鑰匙，它可開啟兒童智慧之門」，這是胡佩璋校長留給我很具啟發的一段話，雖不能至，心嚮往之。

回首三十多年教育生涯，對我影響最深的人就是胡佩璋校長。我很幸運在教育生涯中，得到胡校長的提攜和教導，因為有他的肯定與信任，才使我能夠在教育上不斷前進。

胡校長是位標準的山東漢子，說話嗓門很大，故有「唬將軍」的美名。胡校長與一般師範體系出身的校長不同，他畢業於中興大學財稅系，思考邏輯比較類似企業的CEO，以務實為導向，且懂得運用管理的思維去面對事情、解決問題，而不只空談教育理念而已。

我第一次見識到胡校長的魅力，是一九七九年八月，柑園國中由台北縣立樹林國中星隆分部獨立出來，在交接典禮上，他在台上精神喊話：「我不是最好的運動員，但我有陣容堅強的啦啦隊。各位老師，我期盼得到你們的支持與鼓勵！」令我留下相當深刻的印象。

胡校長在柑園七年半期間推行了不少新政，像是將男女分班改成男女合班、取消星期六的早自習，由老師帶領社團活動等，讓校園有了耳目一新的氣象。而胡校長最厲害的一點，是他的高明談判技巧，當時在他的說服之下，還是菜鳥老師的我也硬著頭皮接下撰寫校歌歌詞的任務。

「一個最虔誠、信守博愛、寬恕、救人、濟世宗旨的基督徒醫生，當自己的孩子發高燒時，他的聽筒絕不會先落在別人的胸脯上，因為『血濃於水』的親情是無可取代的！」這句話給我了不少靈感，在他諄諄善誘之下，我很快地完成了歌詞處女作。接下來，他又要求我擔任學校圖書館管理員的職務，而他的理由讓我覺得自己若是推辭，那真是罪過。他說：「圖書館是知識銀行，這裡面的無限寶藏是這窮鄉僻壤的孩子們唯一的精神食糧。你願不願意地方上的孩子們將來和你一樣傑出呢？」

在他的恩威並施之下，我接下了這份吃力不討好的工作。白天，除了授課還要處理借書業務，晚上和假日則陪伴學生在圖書館裡看書、找資料。此外，我也舉辦多次圖書展覽、一週好書介紹……等活動，並且發動全校師生及地方仕紳參與捐書運動，把一個小小的學校圖書館經營得有聲有色。

胡校長到柑園國中第二年，也是我執教第三年，那時我正準備步入結婚禮堂，當個幸福的新嫁娘，而他一聽到我要結婚的消息，卻是問我：「你確定要那麼早結婚嗎？」

看到我堅定的點頭，他接著又說：「王秀雲啊，結婚是兩個不完美的人，由於心靈的契合，共同去創造完美的生活。結婚容易，但要一起度過漫長的婚姻生活卻很難，你必須不斷的成長，用『天天有進步』的你，去獲得對方的欣賞和信任。」

婚禮當天，胡校長特別請一位懂台語的老師對我的公公和婆婆說：「你的媳婦很優秀，要給她自由，不要限制她，要鼓勵她。」聽得我一頭霧水。

第二天我正陪學生早讀，突然又被他緊急「召見」。

一進校長室，胡校長劈頭就說：「年輕人，要執著於工作、要有定見，才有遠見、才有出息。校長希望親眼看到你成為台灣省最年輕的女校長，要能吃苦是第一要件，明天開始，你來當教導主任吧。」

當時二十四歲的我是全校最年輕的女老師，因此胡校長的這條人事命令，無疑是在保守的教育界裡投下了一顆震撼彈！但胡校長很快地用鐵腕作風敉平了學校裡的反彈聲浪；至於資格不符的問題，他則是親自到教育局去理論，最後我順利地接下「代理」教導主任的職務，度過了「風雨飄搖」的一年。

後來我懷了身孕，同時擔任國三升學班導師，以及處理教務處的行政事務，備感壓力，還經常與學校其他老師因工作產生摩擦，氣得哭著回家……處在充滿挫折的現實環境下，即使懷抱教育熱忱，開始有「不如歸去」的念頭出現。

胡校長看到我情緒低落，便鼓勵地說：「任勞容易任怨難，傳說冰天雪地的西伯利亞，曾綻放一朵千年雪蓮，別人讚嘆它的珍貴與美麗，我們卻應讚賞它歷經千年冰雪的擠壓與掙脫冰雪的勇氣。現在你要學習的就是綻放光芒前的毅力與勇氣。」

不久我因為處罰學生服裝儀容問題被家長一狀告到教育局，而學生家長和家中長輩又素有淵源，加上同事間的利益糾葛，讓夾在其中的我，更是心力交瘁。

這時，胡校長又開口了：「羅馬教宗出巡時被暴徒槍傷，暴徒被捕下獄後，教宗去探望他，一手摀著傷口，一手摸摸暴徒的頭說：『願上帝保佑你！』你也要學著以寬闊的胸襟面對那些無法理解你的人。」

這句話著實打動了我，讓我可以用更寬容的態度去面對那些對待我不公不義的人。

教育無法重來

比起其他校長，我確實多了一些「反骨」性格，我想做的事情比一般傳統校長更多，若要我安穩舒適地坐在辦公室吹冷氣，我做不來！對我來說，如果只會蓋橡皮圖章，這樣的校長不做也罷！

不只是校內工作，我還想將服務範圍擴展到校園外的地方事務，所以學校的主任、老師們也不得不配合我所推行的種種改革措施。這和一般國中老師只要固定上課、下課的做法很不一樣，我知道有些老師雖然表面上服從，暗地裡卻抱怨了千百遍，但如果只是一味顧及老師的權益，而忽略給予孩子更大的學習成長空間，卻是我不樂見的。

胡校長曾經告訴我：「只要好老師罵你，壞老師稱讚你，你就不是好校長。要做到好老師稱讚你，壞老師對你吐口水，才是好校長。做到好人壞人都說你好，是鄉愿。」體會到這一點後，我終於了解到，有心想做事就一定會得罪某些人，重要的是，堅定自己的信念，去做對的事。因此我只能為自己打造一襲堅固的盔甲，來抵擋那些嘈雜的批評聲浪。

在「兩利相權取其重，兩弊相權取其輕」的前提下，很多改革措施就像是馬戲團員走鋼索一樣，順利過關的話可以得到如雷掌聲，但一不小心，很可能就會粉身碎骨。

在推動改革時，我的內心也經常不斷沙盤推演著，評估各種政策的可行性。就像下棋時要全盤思考，不但要思考下一步怎麼走，還要揣測對手可能怎麼走，否則走錯一步，全盤皆輸。不一樣的是，棋局輸了可以重來，但孩子們的青春卻只有一次。

所以，我在推行各種新的嘗試時不斷告訴自己：「你沒有失敗的本錢，一定要成功，才能讓老師和行政人員產生信心和動力。」一旦信心潰散，就很難東山再起。

要怎麼收穫先怎麼栽

這輩子我很少主動為自己規劃未來的出路，從師大國文系畢業後，原以為一輩子就是在家鄉安穩地從事教職工作，但胡校長認為我是可造之材，比我更早一步看出自己的潛力在哪裡，鼓勵我更上一層樓。

最年輕的校長

一九八七年胡校長到台北縣蘆洲國中任職時，延攬我一起到該校任教。一開始我表明不願在他的「庇蔭」下工作，但說服功力一流的胡校長開口了：「養兵千日、用兵一時，你的前途由我來決定，你毫無選擇的餘地！」於是，我以國文科第一名的積分，來到蘆洲國中報到。

一看到聘書上面寫著教師兼訓導主任，我忍不住遲疑了，胡校長卻信心滿滿地說：「你不相信自己的能力，也要相信校長的眼光！」

三年後，有一天胡校長又把國中校長甄試報名表送到我面前，希望我能夠報考，當下我拒絕了，而他只是用慈祥的目光看著我說：「我一生當中唯一的遺憾是沒有自己的孩子，我從你身上隱隱約約看到自己的影子，如果你能成功，那就是我的安慰。」

我一向膽大包天，但最怕的就是這種「柔情攻勢」，只好乖乖報名，結果竟然一試及第，最後分發到桃園復興鄉介壽國中。

我還記得放榜那天，胡校長開心地說：「我已把你安全送上壘，我沒有對不起國家，也沒有對不起自己的良心，從今以後，我就是『校長的校長』了！」

面對學校同事們羨慕的眼光與讚美聲，胡校長也不忘叮嚀我：「越是飽滿的稻穗越低垂，別壞了自己的『道行』才好。」

在桃園復興鄉介壽國中擔任校長之後，我開始認清，做為一個校長需有「兵來將擋，水來土掩」的決心，因為想要翻轉舊有體制，提倡改革，就要走一條迥異於傳統的道路，這個過程極其艱辛。到了柑園國中，我依然抱持著只要擔任校長一天，就要全力以赴一天的心情，努力耕耘。而八年下來，我造就了許多人口中的「柑園傳奇」，這證明了只要有付出就有收穫。

有些教育界人士認為我可以推動多項改革計畫，是因為我勇往直前、不怕麻煩的性格和行事風格。

我想這應該來自於童年在農村的生活經驗。

我的父親是任職於鐵路局的公務員，家有薄田幾分，記憶中在我就讀小學的時期，他就擁有全柑園第一台「久保田」牌耕耘機，並且利用下班時間幫人耕作換取稻穀。後來配合政府政策，他開始種植洋菇，利潤頗豐，而在結束公務員生涯後登記農民身分沒幾年，還獲得李登輝總統頒發的「神農獎」。

我們家也買了全柑園第一台「莊頭北」牌熱水器。每個月一次，理髮師傅都會來我家的曬穀場替左鄰右舍剪頭髮、洗頭髮，那台神奇的機器只要一打開就有熱水，方便得很。

當時不管媽媽如何心疼瓦斯費，父親總是笑嘻嘻地說：「沒要緊，錢擱賺就有！」那滿是泥土的臉龐充滿了驕傲和自信。

從小父親就經常帶著我們一家人去田裡搭洋菇寮、種洋菇、小黃瓜、番茄、草莓，身為莊稼人家的孩子，我很早就知道不幹活就沒錢，一點都愉懶不得！它也養成我「遇到問題時不要怨天尤人、想辦法自己解決」的務實態度。

我從父親身上學到，挽起袖子，隨時都能彎下腰做事，才是一個人最可貴的特質。

回到柑園國中第一年，學校自來水系統發生故障，該有水的地方沒水，不該有水的地方漏水，我和水電工不時在校園內巡邏，四處檢修。結果有一天省督學來學校視察，看到我蓬頭垢面、衣服上都是污漬的模樣，辦公室也因為沒時間整理，堆滿了雜物，當場臉色鐵青地說：「王校長，校園裡的人文氣息很重要，校長的人文素養可以帶動全校的風氣……」

我認為，身為校長，要身先士卒，以服務他人為表率。談理念、談想法，每個人都有滿肚子的學問，但如何化成行動力，才是決定成功與否的關鍵要素。

多年來身處教育崗位，讓我對於「趙孟之所貴，趙孟能賤之」的道理深有所感，隨著時代的變遷，我必須站在制高點才能掌握它的脈動，「先自轉以後再公轉，先自助而後人助」，如此才能「千磨萬難猶堅勁，任爾東西南北風」。

我的名字是老師

一九九四年台北縣出現教師荒，台北縣完全中學和國中小如雨後春筍般設立，而柑園國中這種地處郊區的學校，連找個代課老師都很困難。在困坐愁城之際，一位學生家長楊進益先生來找我，閒聊之中得知他的外甥女在台北一家知名補習班教英文，於是我把她請來學校代課，她就是全校師生口中的「曾媽」，曾貴珍老師。

曾媽是位十分盡責的好老師，可惜的是並沒有遇到認真聽話的學生。我去她的班上，發現教室裡一大片濕漉漉、髒兮兮的污漬，立即說：「我聞到一股臭味喔！」

班上的同學們異口同聲地說：「不會啊，很香啊！」

我說：「你們是久入鮑魚之肆，不聞其臭！」還不待我解釋這句話的意涵，他們又起鬨地說：「鮑魚很貴很好吃喔！」真是讓人哭笑不得。

有一天，某位女老師跑到我辦公室來抗議，她說班上有幾個學生在她的茶杯裡放粉筆灰，然後很恭敬地請老師喝茶，她不疑有它，一口氣把「茶」灌到肚子裡，惹得全班哄堂大笑，把她給氣炸了。

我一問之下才知，原來學生們會這麼做，是因為覺得這位老師上課太愛「啦咧」（胡扯瞎謅），又瞧不起他們，沒有好好教學。曾媽十分同情這些孩子們的處境，但這個問題很難處理，就交給訓導處。訓導處接到這個燙手山芋後，訓誡了學生一番，並要求他們向老師道歉就算了事。

曾媽進入柑園國中當代課老師後，又考上師資班、通過教師甄試、主任甄選，一路走來很辛苦，但也得到了許多學生的愛戴和懷念。

二十年後，我們有機會再次碰面，卻是在醫院裡。罹患癌症的她躺在病床上看起來有些憔悴，但回憶起當年在柑園國中教書的陳年往事時，眼神仍是神采奕奕。

「幸好校長有要求我們去學生家裡做家庭訪問，我去做了家訪才知道學生的問題都與原生家庭有關聯。你還記不記得以前我們班那個陳志銘（化名），他最令人受不了的就是滿口三字經，在教室裡坐也坐不住，每天帶頭使壞，他家住在山佳火車站後面山上，很遠的地方。我去他家一看，整個客廳沒有一寸地板是乾淨的。他爸爸一看到我就說『你是阿銘的老師喔，歹勢啦，免這工夫啦，×××咧，猴死囝仔在學校不乖喔！×××咧，阿銘啊，恁老師來了，×××咧……』這時我才了解『×××』三個字在陳志銘的嘴裡是『語助詞』，而不是惡意的謾罵。

前幾年，陳志銘回柑中來找我，他以前不喜歡唸書，私立高職畢業後就去當學徒，現在自己開了一家電器行，專門賣冷氣、幫客人修冷氣，生意做得不錯。我們班像這樣的人有好幾個……」

聽她訴說這位學生的經歷，我的眼眶忍不住泛淚。

「與柑結緣，人和柑圓，柑結滿園」是當年我訂的校訓，希望到過柑園的人都能結下一份善緣。而在柑園來來去去的夥伴中，不乏像曾媽一樣，以教育為終生信仰的老師。

做為一位資深教育工作者，我深知站在第一線的老師對學生的影響是一輩子的，尤其處於「人格塑造期」的青少年，老師們的一言一行皆是他們的榜樣，只要言行稍有不當，都可能會對孩子的心理產生不可磨滅的陰影。

在成長的過程中，我有幸碰到不少好老師，啟發了學習樂趣，並且讓我日後走上為人師表之路。我相信，每一位老師都希望自己是最傑出的教育工作者，這個「自我期許」，鞭策我們不斷燃燒自己的熱情，帶領莘莘學子走向未來；就是這個「自我期許」，喚醒我們為教育注入涓涓清流，匯為深淵，蔚為大川；就是這個「自我期許」，鼓舞我們背負教育的十字架，走向窮鄉僻壤，披荊斬棘。

在從事教職的過程中，有多少華髮，是一串串青少年問題為我們染成；有多少皺紋，是無數孩子的惡語為我們刻鏤；有多少美夢是因孩子的成長而圓；

有多少壯志是因孩子的成就而酬；是喜、是悲、是捨、是得，我們都無怨無悔，
只因為我們有一個共同的名字——老師。

培養明星教師

我們的社會向來有種牢不可破的迷思，學生和家長對於明星學區、明星學校、明星老師趨之若鶩，而對於大多數老師來說，能到明星學校教書、成為明星老師，也是一大光環。但是對柑園國中這種非都會地區的學校來說，不要說聘請明星老師，只要能降低老師的流動率，就已經謝天謝地了！

柑園國中是交通不便又不屬於偏鄉的小學校，留不住人才是事實，尤其在師資奇缺的六、七月更是鬧「老師荒」，學生們也宛如棄嬰般哀嚎：「老師騙人！上星期才說暑假要陪我們複習功課，這星期就調走了！」

我剛回柑園第二天，一位騎摩托車的家長就在校門口攔住我，哀求著說：「校長，我的孩子剛升三年級，已經換第五個數學老師了，請你給我們一個比較有經驗的老師好不好？不要再換來換去了！」

我像一個手上沒有糖葫蘆卻急於安撫孩子的母親，充滿了無力感。

當時，校內有一半以上的師資是新進老師和代課老師，因為新手老師教學技術較不純熟，教室管理能力不足，導致家長不信任，而他們也因缺少參與校務發展的概念，自信心低落。

看到主動申請調往他校的年輕老師苦著臉對我說：「校長，我很喜歡這裡的純樸，但是，學生太不用心、家長太不配合，又離家那麼遠，難道要叫我把寶貴的青春埋葬在這裡？」我只能安慰自己，倘若「潮來潮往」是宿命，就讓我把學校定位在「新兵訓練中心」吧！

剛踏出大學校門的新進老師擁有年輕人的熱忱和活力，學習動力強，在教育界就像是一張白紙。我心想，如果我們予以有系統、有方法的訓練，一年之後，就可以變成一個稱職的老師，這是我們對教育的貢獻；倘若他們待在柑園超過一年，也是我們的福氣。何況，就是因為時間寶貴，我們才更不應該束手無策、坐以待斃。

山不轉路轉，既然學校沒有明星老師，何不自己製造明星老師，讓每個老師都可以在教學舞台上閃閃發光？心念一轉，督促老師進修就成為必要的策略。

教學相長，培育明日之星

時代不斷改變，身為教育工作者的老師在「傳道、授業、解惑」的同時也必須精進所學、與時俱進，才不致脫節落伍，所以我非常堅持教師要不斷進修，讓自己在專業上有所成長。

從一九九二年開始，每年寒暑假我都會舉辦教師研習營，並且堅持全校老師一定要參加。

還記得第一次辦完教師研習，在檢討兼迎新的餐會上，一位老師首先發難：「新校長來了之後什麼都改，舉辦教師研習之前應該聽聽老師們的意見才對！為什麼一定要研習？而且是利用放假的時間！」

所有人的目光都一致掃向我，我立刻斬釘截鐵地說：「未來在我任內的八年裡，多久辦一次研習？在哪裡研習？辦什麼樣的研習？花多少錢辦研習？由大家討論後決定。但是，只有一件事由我決定：那就是絕對要辦研習！」

當時學校的預算科目有「教職員工文康活動」，而沒有「教師進修」這一項，因此所有教師研修費用幾乎都由我一個人自掏腰包支付，八年下來，雖然花費了近百萬元，但我一點也不心疼。看著老師們因為參與這些活動，在教學上有所改變，學生成為最直接的受惠者，對我來說，這個錢真的花得很值得。

在設計教師研習課程內容時，我們盡量朝多元化發想，除了精進教學方法，我還會邀請不同領域的學者和專家前來授課，像是由歐用生、游家政、顧瑜君教授主講課程發展、林萬億教授主講社區發展、陳其南教授主講學校與社區改造，校園整體規劃則由前宜蘭縣長游錫堃主講，陣容十分堅強。除了校內研習，我也將觸角擴及到校外，甚至還組團到日本、德國參訪見學。幾年的教師研習營辦下來，得到了不少老師的支持和肯定，他們認為藉由研習可以接觸新的教育理念和做法，是很好的學習管道。

這是一個難能可貴的經驗。因為進修，我們解決了一些教學上的疑惑；因為進修，我們勾勒了很多夢想；因為進修，我們培養了革命情感；因為進修，我們創造了共同的文化經驗。

現在我敢拍胸脯說：「走過『柑園經驗』的代課或實習老師，到各縣市參加教師甄試的錄取率都是最高的！」

一九九五年開始，隨著教師流動率降低，我們發展了另一種形式的進修，那就是教師由台下走到台上的「校園議題企劃案發表會」。舉凡對校園空間、教學內容、社區課程等議題有興趣探討的老師，都可提出企劃案，由校長邀請專家學者或其他學校校長來擔任評審。當大家凝聚共識的時候，就可以付諸行動去改變現況。這一連串的實踐過程，也使柑園團隊成了教育改革的先鋒。

企管大師教我的事

在柑園教書時，有一次胡珮璋校長拿了一本書要我回家閱讀，我本以為是經典史籍，沒想到書名是《當代企管理論》，一看就傻眼了！企業管理對於國文系出身的我而言完全是一個陌生的領域，然而，為了不辜負校長一番美意，我還是勉為其難地收下書。此後，胡校長經常詢問我的閱讀進度和心得，雖然當時實在沒有什麼慧根領悟這本書的精髓，但對於書中強調的「組織就是有效管理」這句話一直銘記在心。

從胡珮璋校長身上我了解到，想要把空泛的理念化為實際的操作方法，就必須講求步驟與管理。而美國品管大師戴明的系統品管理論，幫助我能夠更有效地建構出一個又一個校務決策和改革方案，並且擴展至第一線的教師與家長，達成我理想中的教育目標。

會接觸到戴明博士的理論得感謝我在師大國文系的學弟、現任桃子腳國中小學校長的李惠銘，他是一位極有創意和想法的「文青」校長。一九九二年我們一起在柑園國中任教，他經常在我耳邊宣揚《品管大師戴明博士》、《戴明的管理方法》這些書中的理念。於是我也開始閱讀戴明博士的書，而他的經典名言「品質決定在決策桌上」和提出的「系統觀」，讓鎮日為柑園國中轉型找尋出路的我眼睛一亮，彷彿看到一線生機。

面對新學校、新人事、新政策，每個人都有不同的想法，但就像戴明所言：「假如人人都不知道該做什麼卻卯足全勁，朝著互相矛盾的目標橫衝直撞，會是何種亂象？」如果校長沒有更高瞻的視野、更深刻的問題意識，只會「一將無能，累死千軍」；如果校長沒有行動力，整個團隊就會「說就天下無敵，做就無能為力」。

因此在教學和行政工作中，必須要有系統和步驟地執行。

系統管理、多元思考

威廉·愛德華茲·戴明（WilliamEdwardsDeming）是耶魯大學的物理學博士，專精統計學，他擅長用獨到的「統計品管」原理，找出企業的弊病，進一步協助它們解決問題，反敗為勝。

第二次大戰後的日本百廢待舉，請來戴明博士幫忙振興經濟，因而有了飛躍式成長；他的企管理論也讓美國老牌汽車公司福特脫胎換骨、起死回生，成為一流的汽車大廠。

經營柑園國中當然比不上大企業，但學校要轉型、在地方上重建信心，身為領導者和決策者的高度是非常重要的。戴明提出的「淵博知識體系」猶如替我打了一針強心劑。當時我和兩位主任運用SWOT分析，從學校規模、硬體設備、教師資源、人事行政到學生和家長，針對地理環境、社區、地方這三項做評估之後，認為柑園國中轉型的關鍵就是「共同體」概念的經營模式，必須和社區做緊密結合。

「淵博知識體系」這項理論的精髓是，品質和系統決定政策的成敗，至於品質和系統是建立在淵博知識上。任何一個政策的推行，都是在系統架構下運作，且每個政策都是環環相扣，成為「共同體」。

一九九四年，我導入戴明的「系統觀」與「知識觀」，希望用系統思考的全面品質管理來改善校園文化。所以，我將每月一次「從問題面去解決問題」的導師會報，改為每週一次「從上游建立淵博知識體系，使問題自動消失」的導師高峰會。

系統的完成來自淵博的知識傳達，如果沒有知識做支援的管理，最終是失敗的。有了知識做後盾，校內教師也體驗到在帶學生、帶班級時，自身的能力也跟著成長與提升。

當初我在治理學校的時候，還沒有「系統思考」這個名詞，但我常和校內教師閒聊，歸納出幾個基本的假設。例如，家長對學校的理念一定與老師對學校的理念不同，個別家長的期待與教育目標不盡相同，但還是有交集的公約數，所以校長、行政人員的任務就是要把這個公約數找出來，同時要擴大公約數，那麼「系統思考」的概念就此成形。

戴明的系統管理不只用在教育政策上，更可擴大到家長與老師身上。簡單地說，家長是社區基礎教育中學生的教育利害關係人，這是一個「系統」的概念，學生來自社區，家長是社區的成員，因此學校不能關起門來做自我感覺良好的事，家長更需被納入社區基礎教育的系統裡。如果每個班級經營都是有系統的管理，集合起來，就是一個有競爭力的學校，對家長、孩子、社區甚至是教育工作者，都有正面的幫助。

我還記得胡校長曾說過：「智慧是經驗的累積，而且是不拘泥於現況的思考模式。」過去傳統的教育方式容易流於死板，常陷在既有的框架中很難突破，但孩子是活的，每個孩子都有各自的資質和天賦，因此身為教育工作者最重要的是用對方法，因材施教，為他們找到最適合的出路。

用CEO的精神治理學校，自然形成一種不一樣的校園文化，多年後有幾位老師告訴我，他們在柑園國中可以看到一種教育理想，以及達成這個理想和操作理想性之後的成果。原來，理想不是存在於書本的理論，它是可以被實踐的。如果他們只是待在一般傳統的學校，教學模式也是固定的，不會有更多元寬廣的思考空間。

給孩子不一樣的海闊天空

從我踏入教育界開始，「升學率」就是外界評斷教學成果的一把尺，這是不可避免的宿命，如企業成長需要漂亮的營收績效數字，是天經地義的事。

儘管教育部三令五申，仍然上有政策、下有對策。早期學校要衝升學率大都藉能力分班、集中管理來提高績效。而學校為了拚升學率，採取的做法就像是把一艘廢船的五金全部拆掉，就只為了煉就那一條鋼絲，其他的材料只能當燃料犧牲。當時有個常見的現象，就是學校資源都落入所謂的「升學班」，如此一來，分配不到足夠師資和教學資源的學生，就只能自生自滅了。

想想看，孩子們在這種不公平的受教環境中長大，看著學校師長對他們實行的差別待遇，會有什麼感受？當他們成年之後卻要求他們創造一個公平正義的社會，豈不是緣木求魚？

我認為，藉由考試制度來創造公平競爭的升學機會並沒有錯，但是除了分數之外，有沒有更好的方法可以讓每個孩子都能找到發揮自我的舞台，正向地表現自己？有沒有什麼方法可以不惡補、讓學生身心得到紓解，讀書效果更好？

究竟提升生活教育品質是否可帶動升學率？這也是我當時認真思考的問題。

打破拆五金煉鋼絲的升學主義

我一開始接手柑園國中校長時，由於學校在地方上風評差，流失了不少國小時期成績優秀的學生，而留下來的，多是學習意願低落的學生，也就是一般人口中不愛唸書、成績差的學生。我知道要改善這個情形，最快的方法就是直接加強課業輔導，但我心想，孩子先天已缺乏學習動機和成就感，基礎不佳，若還要硬塞給他們生硬冰冷的教材，很可能只會得到反效果，這麼做也等於間接放棄了某些學習成績不佳的孩子。

這時我想起了在介壽國中當校長時，曾邀請花蓮縣李文成校長來學校做專題演講，他談到針對原住民孩子輟學問題的輔導策略之一就是將每天第七節課改為活動課程，讓愛打球的學生在操場上打球、愛唱歌的學生唱歌、愛跳舞的跳舞、愛吹笛子的吹笛子。這樣一來，孩子變得喜歡來上學，再不愛讀書的孩子也是「上午一條蟲，下午一條龍」。

李校長的話點醒了我，要想辦法讓孩子一整天都在學校龍騰虎躍，不再視到學校唸書為枯燥乏味的苦差事。

但這個大膽的創新點子，實行起來談何容易？現實面是，現有課程體制要如何突破？老師有那麼多的專長嗎？學校的生活教育體質夠強健，足以應付全校動起來的局面嗎？為此，我和校務主任及各科老師開了無數次會議，得到一個共識，既然在教室學習不佳，何不走出教室，用玩社團的方式另闢戰場？先讓學生從專長和才藝中建立自信與成就感，再一步步提升課業的成績。

恰巧當時台北縣政府對於輟學、經常違規、高智商低成就又愛在課堂上搗蛋的學生，實施了「高關懷學生」彈性分組教學的專案，這給予我們一個靈感，何不將這專案發展成一個系統來整合，使得全校學生都成為受關懷的對象。在大家腦力激盪下，我們產生了一個叫「龍騰虎躍」實驗方案。

這個方案的出發點是希望藉由社團多元化發展，打破現有課程結構，落實藝能科教學目標。讓學生藉由參加社團學習人際關係和特殊才能，由學校整合老師專長和社區人力資源，貫徹多元性、實用性、地方特性的學習目標。接下來，我和學校老師們大手筆地成立了二十六個社團，包括籃球、射箭、直排輪、古箏、吉他、詩社、日語、陶藝、合唱、管樂等等，從體能訓練到琴棋書畫，一應俱全。

在社團時間安排上，我把它當成在大學修課一樣，分為主修社團與副修社團，每週一至週五第六、七兩節課進行。此外，以兩週為一大單元，每兩節課為一小單元，共十個小單元。每大單元包括主修社團六小單元、副修社團四小單元，每位學生需選擇一個主修社團和四個必修且配套的副修社團。副修社團是為了配合藝能科成績考核而設，每位學生須於三年內修完各類副修社團。

找對方法，樂在學習

成立這麼多社團，第一個遇到的問題就是——錢從哪裡來？除了社區義工支持外，欠缺鐘點費一直是我們心中的痛。這時我要感謝上天，有一群熱血的年輕老師拍著胸脯告訴我：「有錢的人生是彩色的，沒有錢的人生是黑白的，沒有錢的學校也是黑白的，但我們可以大家分攤，義務上課，讓它變彩色的。」於是，我們讓授課時數少的老師分攤多一點，課多的老師少分攤一點。我當然第一個跳出來接手四節時數，主任三節，組長兩節，等於從校長、主任、行政人員到老師，全部都「撩落去」。

一九九六年九月「龍騰虎躍」實驗方案開始實施，三個月下來，學生玩得不亦樂乎，但老師在平日教學之外，還要應付一星期十節課的社團時數，紛紛大呼吃不消！最後有老師聯名向我發出了「萬言書」，說他們每天到學校都好忙、好累，壓力大到喘不過氣來！看到老師這麼疲累，我只好緊急踩煞車。

「發現問題就是解決問題的所在」，一向是我的信念，為了減少老師的負擔，經過一個寒假討論，我和主任們將「龍騰虎躍」修正為「海闊天空」計畫，將社團時數從十節降為六節課；學業成績前三分之一的國三學生，以參加學術性社團為主，加強考試升學科目，保持社團與課業之間的平衡。這樣一來，老師也不至於因時間壓力而感到彈性疲乏。

為了了解學生對社團的接受度，我用課餘和假日的時間親自帶領社團。當時我針對成績優秀的學生成立了一個名為「四藝社」的社團，希望打開孩子們的視野，找到閱讀課外書的興趣，並且加深人文素養。課程內容有《貞觀政要》、《唐詩》、《幽夢影》、《世說新語》，甚至還有茶道、口才訓練等。

我還記得有學生向我提出了質疑：「校長，你教的東西跟聯考無關。」聽到這裡，我拿出歷屆考古試題問他：「這題會不會？」

學生回答：「校長，這個好像在哪裡有學過喔。」

我說：「那你怎麼說跟聯考無關呢？我當一個校長怎會只教你聯考的技巧，那我直接去補習班當老師就好了。」

確實，不少家長和學生認為唸書只是在應付升學考試，除了教科書以外，幾乎不碰課外書；即使是考高分的學生，只要脫離參考書和習作範圍的問題，幾乎都答不出來。我想要扭轉這種褊狹的讀書觀念，讓他們知道學習的領域是無限寬廣。經過幾年實驗下來，證明了藉由社團活動的多元課程，比刻板的課堂學習更能激發孩子的潛能。

一九九八年教育部將高中聯招在原有的考試分發外，另增加推薦甄試入學，讓具有特殊專長和才藝的學生可以申請理想的學校就讀。於是，柑園國中發展多年的「海闊天空」方案至此開花結果了，許多在社團中表現優異的孩子藉著參加競賽得到的佳績，進入公立高中職。我們當屆近兩百名的畢業生中，有八十餘名學生順利被公立高中職錄取。

這樣的升學率和都會區比起來當然仍有差距，但是對原本升學率吊車尾的柑園國中，頓時一躍成為三鶯地區的升學名校，看到這個亮眼的成績單，家長們更有信心，認為學校的策略是「開對藥方吃對藥」，因此更信任學校。如果學校是一家企業，升學率是績效，在成績分數外，為學生開闢出一條不同於傳統的康莊大道是我念茲在茲的事。我提出大膽革新的辦學策略，不但帶動學生的學習興趣與成長，也間接提高學校升學率，證明了「條條大路通羅馬」。

比成績更重要的事

在升學主義掛帥的社會氛圍下，外界評斷所謂的「明星學校」，唯一標準只有升學率。為人師長的我，不能否認提升學生成績的重要性，但在教學之外，學校的角色還有幫助孩子增廣視野、培養責任感、團隊精神、人格塑造等功能。我認為教育除了供應知識之外，應該還有更多值得嘗試追求的內在精神。

大部分的國中生在學時期的生活體驗是很貧乏的，除非是父母有心營造，否則很多人只在學校、家庭、補習班之間活動。比起坐在教室裡照本宣科，我認為走出教室，才能讓孩子做深度的學習。因此我在柑園國中推動的多項課程主題，主要是開啟孩子更寬廣的視野，拓展多元價值觀。慶幸的是，大部分工作夥伴和我一樣，有志一同。

當初我和學校主任、老師設計「海闊天空」社團實驗課程時，曾被不少家長質疑：「學習時數減少，怎麼應付聯考呢？」、「孩子既要上課又要練才藝，讀書的時間會不會不夠？」

但很多學生在畢業多年後告訴我，這三年的求學過程，讓他們至今回想起來還是非常開心。學校提供了很多學習空間，老師們也帶領大家一起討論，鼓勵他們勇敢作夢，不要設限。

在一次同學會的場合，孩子們說出了他們的經驗。

一位就讀明星高中的學生說：「柑園國中的師生關係讓我覺得上學很快樂。現在的老師雖然很明顯有顧到我們的課業，但師生的互動比較少一點。」

另一位大一的學生說：「柑園國中的社團活動，讓我跟老師的關係比較親密一點，有什麼問題，都還會回去問老師。一般來說，高中同學跟校長往往講沒幾句話，我的同學知道我們以前週末還會去校長家唸書，都很驚訝。不只是和校長感情好，就連以前學校舉辦一些活動時，那些前來參加的家長，走在路上，還會和我打招呼。」

一位參加過口琴社的學生回想起自己在社團的經歷，說：「我覺得在社團學到的東西就是合作，因為它讓我們覺得是一個團體，既然是一個團體，我們做什麼事情都會共同承擔。就像演奏一樣，我們不能只注重自己的表現而已，想要譜出和諧的樂曲是要大家一起努力的！」

另一位女同學說到在柑園國中印象最深刻的一件事：「我國二的時候，朱麗娟老師（總務主任）說要全校認養學校車道的瓷磚拼貼。輸人不輸陣！我們班決定三十六個同學合作拼成一張完整的圖案。記得是由美術很好的同學畫一張很大的圖案，他叫阿呆，因為我們是智班，在討論班級宣言時，班級宣言就是『大智若愚』。因為學校活動實在太多了，全班同學要一起完成很多事，常常討論不完，有時候還會吵到不行……」

這些孩子上了大學之後，有的成了社團領導人，並對他們日後的處事能力和人際關係都有正面的影響力。

在僵化的升學制度下，很多孩子喪失了思考能力，慢慢地，也失去了自信。青春期的孩子需要有寬廣的空間去嘗試，發掘出不一樣的特質。我相信有很多具有潛能的孩子，只是沒找到發揮的舞台，經由這些生動活潑的課程，可以發掘孩子的多元才能。

一個參加過四藝社的學生說：「我還記得老師教我們唱詩詞、泡茶、去看三峽祖師廟、去大溪參加街慶、觀賞吳乙峰的紀錄片。國二時我們去嘉義訪問新港文教基金會陳錦煌董事長、到布農族部落體驗生活，反正很多啦！

「那一年我們帶著薩克斯風到南投信義鄉雙龍村布農族部落，原本是要挑戰布農族八部合聲，輪到我們演奏薩克斯風時，手都在發抖……結果我們竟然連音都吹不準，耆老還安慰我們說他們唱的音也不準。第二天吃午餐時，蒼蠅很多，原住民小朋友就用橡皮筋打蒼蠅，百發百中、超準的，小朋友教我怎麼用，我一直打到自己的手，第一次覺得自己很笨。」

另一個學生附和地說：「我印象最深的事是做愛校服務，做什麼項目要自己主動找，然後去訓導處登記。當時老師一直強調不能因為功課好就在學校享有特權，而是要培養更多能力去幫助別人。現在回想起來，對我的影響還滿大的。」

沒想到一趟小小的旅行，讓他們多年之後，仍然記憶猶新。

我一直認為學校是創造意義的場所，每件事進了校門，賦予它意義，才是教育。而這個賦予意義的做法之一，就是不斷開發具有前瞻性、回歸教育本質的活動和課程，它與孩子的生命經驗緊緊相隨，甚至可以引導他們走向真善美的人生境界。

★ Part 2 ★

無限寬廣的教育舞台

在地化，才能全球化

民國六十七年，師大國文系畢業後，我滿懷熱情地返回柑園國中任教，希望能為家鄉的教育貢獻一份心力。

玉花（化名）是我任教的第一批學生，她天資聰穎、努力上進，但家境貧困，母親平時除了要下田耕作外，還必須做家庭代工來維持一家人的生計。她的父親嗜酒如命，甚至曾經醉醺醺地跑到學校來向我借錢買酒，我曾忍不住當時訓斥他，他竟以「喝酒比吃飯便宜」來回應。

玉花國中三年的學費都由我支付，我也經常資助他們一家三兄妹的校外教學和課後輔導費用。畢業典禮那天，看著玉花風光地上台領獎，並且不負眾望考上台北市立士林高商，令我十分欣慰。之後她半工半讀唸夜大，存到一筆錢後就出國留學，回國之後也找到了一份收入相當不錯的工作，成為人人羨慕的高薪一族。

我最後一次見到玉花，她已是事業有成的職業婦女。她告訴我：「老師，台灣的教育真的要改進，尤其是柑園這種鄉下學校，相對的教學資源也比較少……我在外商公司上班，常常飛來飛去的，我發現英文真的很重要！所以我把小孩都送到國際學校就讀。」

讓我感到驚訝的是，曾幾何時，柑園在她眼中竟變成落後的代名詞，看到成功以後的她再也不想回到這個對她來說「不方便」、「沒文化水準」的家鄉，甚至用她所追求的「成功」標準來批判家鄉的教育，更是讓我神傷。

在全球化時代，很多教育專家都喜歡強調「國際化」這三個字；身處在今日的地球村，擁有國際觀固然重要，說一口流利的英語在職場上也有加分作用。但一般人對「國際化」這三個字的定義是很褊狹的，很多人認為去過幾個國家、用外語交談即是「國際化」。我認為真正的「國際化」和「全球化」，是要從「在地化」開始。

早期，我們的教育不斷鼓吹社會大眾，要將孩子培養成一個獨步全球的世界公民，往往卻忘略了教他們對於家鄉的文化認同一樣重要，當孩子們對於自己從小生長的土地能深情對待，走到世界任何一個角落，才能落地生根。

我開始思索自己的教育方式是哪裡出了問題？為何喝柑園奶水長大的孩子會鄙夷家鄉的一切？難道家鄉沒有讓她值得驕傲的地方嗎？

無獨有偶地，另一位剛考上台北市區明星高中的孩子告訴我，開學第一天在班上做自我介紹時，她說自己來自柑園國中，其他同學的反應竟然是：

「柑園在哪裡？在台東還是花蓮？」

「柑園國中在樹林，是一個迷你的學校，有九個班。」

「哇！那麼小，一個年級才九班。」

「不是，全校共九個班。」

全班頓時哄堂大笑！站在台上的她，真恨不得有個地洞可以鑽進去。

「老師，我們學校為什麼要叫做『柑園』」？

我問她：「這個名字真俗，讓你覺得丟臉嗎？」

她紅著臉，說不出半句話來。

我心想：「原本自信十足的孩子，一旦進城，卻再也想不出家鄉有什麼傲人的地方，這樣的孩子，以後如何愛自己的家鄉呢？又怎能奢望他們日後對家鄉回饋及付出呢？」

當別人不了解時，柑園子弟卻無法說出自己家鄉的文化和特色，只能任由外人嘲笑。發現這一點，令我隱隱感到不安。

我是個道地土生土長的柑園小孩，我熱愛這裡的一切，包括它的純樸和濃濃人情味。

還記得小學時國文課上到「孔融讓梨」時，我的老師指著課本裡那籃梨子說道：「台灣最窮，連個梨子、蘋果都沒有，我的老家山東煙台的蘋果，比籃球還要大！」讓我油然生起一股憤怒的情緒，覺得自己的家鄉被侮辱了。

另一次，我因為祖母養的豬公比賽奪魁興奮不已時，卻聽到這位老師在台上冷言冷語地說：「人家美國都登上太空了，你們還在賽豬公！」這下我發火了！忍不住和老師爭得面紅耳赤，最後落得掛著兩行清淚回家的下場。

我認為一個人要先熱愛自己的家園，才會熱愛自己的社會、自己的國家。我希望學校培育的人才，不是「逐漸忘記家鄉」的成功企業家，而是「願意回到自己社區，並且促成改變」的創業家。國民中小學教育除了提供孩子基礎知識，也是培養他們認同家鄉、熱愛家鄉，進而回饋家鄉的搖籃。課業成績只是人生學習中的一部分，因此做師長的除了傳道授業解惑之外，也必須在孩子的心中植入「家鄉認同」的公民意識。

然而，只是認同還不夠，必須是「有實踐能力的認同」，沒有實踐能力的認同只能產生「無可救藥的自信」。有一天，有位本來很有自信的高中生回來看我，「咦？今天怎麼像洩了氣的皮球？」

他說：「一放暑假，我到英國諾丁漢大學去遊學六個星期，前天剛回來。」

「哇！應該很開心啊！最大的收穫是什麼？」

「校長，很丟臉，在那裡我都像個啞巴。」

我安慰他：「那很正常啊！英語又不是你的母語，會說不一定會聽，會聽不一定會回答……」

「才不是呢，我們那個班有來自捷克、土耳其、日本的同學，我的英語程度比他們好，但是他們在自我介紹時，對自己的國家都能如數家珍，而我介紹自己的國家時不知所云，老師說：『你來自台灣，所以可以和大家分享台灣呀！』可是我的腦袋一片空白。後來每次在討論的時候，我發現自己真的不行，對自己生活週遭的了解真的太少了。」

「呵呵，這就是你花了二十萬元和四十二天的代價啊，就是你最大的收穫吧！因為你已經知道自己缺什麼了。」

前後十三年，同樣是柑園國中的校友，這個孩子和玉花的家鄉認同確實有奇妙的不同。之後《認識台灣》社會科教材的進場，補足了這個缺口。

我們努力了多年，孩子們很以自己的家鄉為榮，但那種認同像走在架空的鋼索上，不是透過生活的實踐去建構意義。所以，並不是今天播種，明天就收割，我相信，時間始終是最美好的等待。只要埋下種籽，有一天就會開花結果，長成茂密的森林。這股由小川匯聚而成的力量也將從一個小社區逐步拓展至整個社會，進而形成一個進步文明的國家。

社區時代的辦學思考

搭錯車的啟示

一九九七年七月某一天，我因為要到瑞芳參加一個活動，準備搭清晨6：57自樹林開車的自強號列車出發，大約早上8：30左右到達瑞芳。當天，我特別起了個大早，請家人開車送我到樹林火車站，進了月台看到一班自強號列車駛來，立刻就跳了上去。

坐定後，車子啟動了。我看一看手上的錶，「咦？怎麼慢了七分鐘」，於是趕快把分針調快七分鐘，然後閤上眼睛休息。

8：24時我在迷迷糊糊中醒來，往窗外一望，不經意地瞄到一個路牌，上面大大的字寫著「往草嶺古道」，內心忍不住嘀咕：「草嶺古道不是在宜蘭嗎？」

車子飛快地往前奔馳，眼看著頭城、礁溪一站一站過去了，我開始覺得大事不妙，但心一橫：「錯就錯了，到花蓮找老同學敘敘舊也不錯。」結果發現電話簿沒帶，只好找列車長求助。

列車長對我說：「這是6：50樹林發出的一〇八一次自強號，過松山站後直達花蓮。」

他向司機詢問這班火車在哪一站會車，好讓我下車搭回瑞芳。後來他們商量過後決定讓我在永樂站下車，再搭計程車到蘇澳換自強號回瑞芳，還好心地用行動電話聯絡永樂站長幫我叫計程車。

到了永樂站，站長已叫好計程車，並幫我寫好乘車證明可以免費搭自強號回瑞芳。臨走前他還一再叮嚀我這班列車是無法劃位的，如果有空位的話就要趕快坐下來，才不會一路站到目的地了。

我很感謝他的好意，也不斷反省自己為何會搭錯車，而原因就出在我沒有意識到時空因素的變化，採取相對應的心態。在樹林土生土長的我認定它是個小車站，每天停留的快車不超過十班，更何況是自強號列車，所以只要看到自強號，坐上去準沒錯。但事實上，樹林是東幹線火車調度中心，每天發出的對號列車不下五十個班次，十分鐘發出一個班次是常有的事。當天我買的明明是6：57的車票，卻坐上6：50的車，還本能地認為自己的手錶慢了，因為台鐵的火車是不可能提早開的。

這種刻板印象讓我好好上了一課，也讓我忍不住聯想到所處的教育環境。早期，一般社會大眾在看待老師的工作時，最喜歡說的一句話：「你們當老師的真好，錢多、事少、離家近，每年只上班八個月，有寒暑假可放，不高興的話還可以拿別人家的孩子出氣。」

這個說法讓我頗不以為然，但無可否認的，有它的時代背景存在。而我也意識到，一個教育工作者必須要知道自己身處在什麼樣的時代。隨著社會的快速變遷，教育工作者必須跟上時代潮流的變化，褪去本位主義，不能再用數十年不變的思考模式來教育下一代的孩子去適應未來的社會。

也就是身為教育工作者我們必須改變「心智模式」。什麼是「心智模式」？舉個例子來說，兩個人同時看到一條狗，一個人立刻拔腿就跑，另一個人則是摸摸牠的頭，這種同一情境截然不同的反應，就是有兩套不同的心智模式在運作。不同的個體，心中的圖像自然不一樣，面對同一情境時，往往有不同的對應行為。這個模式的形成，是受個體成長的環境和經驗、教育影響，逐漸累積而成的。

學校與社區共生

有一次，請歐用生教授到柑園國中的教師進修演講，正擔心他到這麼鄉下的地方會找不到學校。他說：「學校很好找啊！看到國旗和圍牆就是了！」雖是玩笑卻也真實。

一道圍牆、一個司令台、高掛的國旗，很多人批判這是台灣黨國體制下威權的象徵，在我看來是有些誤解的。它應該是日本殖民時期現代化教育的基本設施，有它的時代背景和需要，而國民政府來台後沿用，至今百年來沒有多大的改變。但是，那道原本為了防盜用的圍牆，早已演化成學校與社區不同價值觀的分界線。所以，進步的學者批判學校像「衙門」、「租界」、「修道院」。

在時代變遷的洪流中，社區主義興起，對於學校來說是一大衝擊。

以前，學校是社區的文化堡壘，教育是精神國防，教師是社會價值、道德規範的代表；學校是社區中設施最完善的公共空間，老師是社區中教育程度最高的一群人；學校和教師扮演領導者的角色，社區民眾居民與學生則是追隨者。社區的需要與家長的期望由校長和老師主觀認定，而社區居民對一位好老師的定義也只是建立在是否認真教學、耐心輔導孩子。至於老師每天教些什麼內容？透過學校把社區帶往何處去？老師是否了解社區獨一無二的特性？是否願意共創和分享社區榮耀？並不是家長的選項，應該說：社區居民並不知道有這些選項。所以當居民對學校不滿時，只能選擇批評或逃避。

但是社區主義興起後，居民的觀念改變了，他們在努力自己社區未來的同時，必定會看到社區裡六歲到十五歲孩子「受到什麼樣的教育」的問題，這些具高度能動性的居民，把社區的基礎教育當成是社區公共事務中最重要的環節，必然對封閉、威權的教育內容提出質疑，造成學校極大的衝擊。校長不改變心智模式，行嗎？

在這樣的情況下，「學校」與「社區」產生兩項連結關係：一、學校是社區的一部分。學生來自社區裡的家庭，社區的社經背景、人文地貌、歷史文化，都直接或間接影響到學校的運作方式和發展方向。也因為學校是學生學習系統化知識的地方，社區是孩子將在學校所學實踐的場域，我們可以說：社區生活是學校生活的延伸。

社區學校的定義

很多人都問我：「什麼是社區學校？」

我所界定的「社區學校」乃是一個積極為社區而存在、而服務、而創造的學校。

學校坐落於該社區，學童來自該社區，就客觀上，決定了學校有這個義務和需要。在主觀上，為增強（empower）學校的能動性（agency）與在社區的扎根性，學校與社區居民（包括家長）的緊密結合，將有利形成「社區教育」或「教育社區」的動能。這不但擴大學生的學習觸角，學校也同時能參與社區的營造，於是師、生與家長皆能敏感地覺察周邊環境的脈絡，共同創造並豐富了社區的意義。

其實，學校本身也是一個社區，來自不同家庭的孩子群聚成一個班級，有共同認定的目標，彼此的學習生活也息息相關。班級之間的互動關係，學校各種教學活動的交互作用，形塑了學校生活的樣貌，而這個社區的成員看起來是學校的行政人員、老師、學生，實則應涵括與學生相關的家長和社區人士。所以學校與社區密不可分，甚至可以說學校是社區的雛形，同時也是在為未來的社區生活做準備。

有朋友對我說：「你治理的學校和社區的關係真好，令人羨慕。」當然，也有人提出質疑：「你的學校一天到晚在玩社區活動，那麼，學校的事怎麼辦？」

更有人關心：「你在學校搞社區改造，固然很有理想，學生的升學問題怎麼辦？家長不會反彈嗎？」

剛開始聽到這些話，我先是錯愕，接著莞爾一笑。因為大家對「社區學校」的定義不同，腦海中產生的圖像就不一樣。

我非常認同升學的重要性。試想：家長把一個十二歲的孩子交給學校，三年後畢業，倘若這個十五歲的孩子無處可去，這算什麼國中教育？

但是，升學是國中教育階段的任務之一，卻不是唯一的任務。

當升學率是一個學校辦學好壞的唯一判準或家長選擇學校的依據時，認真的老師們就抱著這個目標，義無反顧地踐踏十二、三、四歲孩子應有的青春——這個青春是成人眼中的離經叛道或浪費生命行徑所編織而成的。

當學校校長、老師的心智模式改變，學校和社區是一起脈動的，升學是「當學校教育內容多元、開放、公平、優質後，每個孩子該考上哪裡就考上哪裡，考試的結果由學校和家長共同來承擔」。

在實際執行前，我也不斷省視自己：是不是在湊熱鬧或畫地自限？是不是把它當成領導者表現個人魅力的舞台？當我把一切想法沉澱、疑慮一一釐清後，才定位了「社區學校」的功能。

在我的思考藍圖中，古蹟廟宇、獨特產業、建築特色，並不是每個社區都有，但學校卻遍及全台灣每個角落。而且社區總體營造的主體在「人」，而學校正是造就「人」的地方，得來全不費工夫。

所有在社區裡生活的人，在他們生命歷程中的學習關鍵期，都是在國民中、小學度過的。每個孩子都是獨一無二的個體，都有不同的才智和能力，他們都是社區最珍貴的資源。讓他們從小在習於公民參與的環境中成長，將來當他們主導社區發展的時候，就會營造出一個有自主性、獨特魅力的社區。

社區，是台灣國民中小學的所在地，正是我們的施力點，所以「社區學校」的建構即是「以學校教育為切入點」的社區總體營造，它的一切作為與社區有著非常緊密的關聯。

定位社區學校

奈良井經驗

一九九六年八月，我們隨同宜蘭仰山文教基金會一行人，在社區總體營造運動的原創者、日本千葉大學工業意匠研究所宮崎清教授協助下，赴日本見學。期間，我們到長野縣參觀了一個生產木製漆器的老街奈良井，當地教育委員會還派了一個博士生為我們做隨行導覽，他說：「當老街住戶要改建時，須提出具體計畫，經町教育委員會通過才能執行。」

我和同行的李惠銘主任不約而同地問：「如果有人不配合，怎麼辦呢？」

這位學生不解地問我們：「怎麼會呢？」

我看到沿街排得整整齊齊的一袋袋垃圾，都貼妥印花，等待清潔公司來運走，好奇地問：「假如有人不貼印花就把垃圾丟出來，怎麼辦？」

（李惠銘主任還開玩笑地說：「會不會有人晚上出來偷撕印花啊？」）

這位年輕的學生不解地看著我們：「不會呀！怎麼會？」

聽到這裡，我不禁想著：「當時不是沒有抗爭，而是這個孩子太年輕，沒來得及參與三、四十年前的抗爭，他出生後所看到的街坊鄰居，都是過著這種有社區共同體意識的生活。很自然的反應當然就是『不會啊，怎麼會？』」

換個角度來看，社區的總體營造第一步不就是從還在校園的孩子們做起嗎？如果我們從基礎教育著手深耕，就可以預測三十年後的台灣社會面貌。

從這次經驗中我看到當地居民對於社區總體營造的努力，讓我更加肯定在柑園推行「社區學校」與「社區教師」經營方針，是一條正確的道路。

反觀我所身處的環境，素有「台北縣米倉」之稱的柑園，在六、七〇年代以前，美得像幅畫、寧靜得像首詩，但自一九八七年以後，柑園以十倍速以上的快轉，經歷了台灣農村的變遷史。隨著柑園大橋的改建與北二高陸續通車，近兩千家的違建鋼板屋工廠，如雨後春筍般出現，迅速覆蓋這塊土地。一間間的老厝倒了，路上的交通阻塞變頻繁了，人與人之間的情感變生疏了，空氣變污濁了，傳統慶典文化逐漸消失了……

面對社區人文、地貌的改變，柑園人能做什麼呢？當我意識到必須走出校園圍牆，努力朝「社區學校」和「社區教師」目標邁進，於是把柑園國中經營模式定義成「以學校教育為切入點的社區總體營造」。此外我和一群緬懷舊日美好柑園的老朋友們也在不斷腦力激盪之下，歸納出「社區學校」需具備培育社區人才、傳揚社區文化、提供公共空間、建立學習社會四大功能，而且彼此之間環環相扣。

啟動班級總體營造計畫

想要落實「社區學校」這個理念，並不是在課堂上照本宣科就能實現，必須透過系統規劃和逐步落實。在當年度開學典禮上，我揭示的學校年度經營目標是「學校之光・班級之華」，把班級當成社區營造的種子團隊，學校的行政單位就是鎮公所，班會就是里民大會，所有社區的事務都可在此討論和議決。其中，最關鍵處在「如何尋找議題」，足足考驗教師群的創意和遠慮——

既要好玩又要緊扣學校目標。

這對一個全校有十八個導師卻有十四個新進老師的學校來說，簡直是一個不可能的任務！但訓導主任李惠銘不斷用他的「恩威並施」規劃一學期的教育訓練，將我們訓練成一支「凡事逆向思考、遇事逆勢操作」的教育團隊，然後用「邊吃桑葉邊吐絲」的方式到班級去施作。

透過名為「班級自豪運動」的班級總體營造計畫，從勾勒班級夢想↓踏查班級資源↓訂定班級宣言↓擬定營造計劃↓形成班級識別系統↓企劃班級形象活動↓執行班級營造計劃↓經驗分享與交流↓修正班級營造計劃等過程，一步步地實現。

它是一個非常細膩且縱深的過程，看官們容我贅述：

以班會（里民大會）為全班最高決策和執行單位，將傳統的班會和週會兩節連排，每月前三週召開班會，第四週召開全校性自治市長擔任主席的市政會議，將營造計畫設定為班會討論的主題，由學生自選主席主持會議，導師則在旁提供協助並隨時提醒「秩序」與「尊重」的重要。

認識班級的成員

過了一個暑假，學生之間雖是舊識，但也都是全新的一個人。所以，經活動設計而使班級學生重新認識彼此，並讓轉學生自然融入班級。例如：教師準備空白圖畫紙，讓每個學生畫一個自己喜歡的面具，用這個面具來和全班學生分享他作畫時的心情以及面具中圖案所代表的意義，同時也分享兩個月假期的生活點滴。

描繪班級的夢想

五至六人為一學習組，教師事前交代每組同學從家裡帶來廢棄的報紙、雜誌等，一起討論本組成員的願望。從報紙、雜誌中找到可能用得到的圖片，把它剪下來，依討論後的願望合力將圖片組合成一幅有情節的海報，然後上台看圖說故事，一人主講，兩人持海報，餘為助講、補充。這是孩子天馬行空一起做夢的階段。例如：因為升學壓力很大，希望我們班能布置成咖啡館，可以邊上課邊喝咖啡，下課時還可以賣咖啡給全校學生。可是教室太小，裝三十個人和課桌椅就滿了，而且下課才十分鐘怎麼賣咖啡？每節上課都喝咖啡會得骨質疏鬆症，算了！應該建議學校的合作社在室外增設咖啡店，請專人處理才可以。

班級資源踏查

班級學生特質與能力、任課教師專長、學校可配合條件、家長社經背景、社區自然與人文資源等。無論是正面或負面的條件，透過逆向思考與轉化，都是班級的資源。因此，班上有個學生的爸爸是水電師傅，是資源；有個學生的媽媽是小吃店的老闆，是資源；有個學生家裡有一個外傭，是資源；有個學生的阿公會養豬，是資源；有個學生的爸爸在火車站當站務員，是資源；班上有一個特殊生，是資源。用班級成員腦力激盪的方式，表列出我們班有什麼資源，這些資源有哪些是現在可用的，哪些是未來可用的，將之分類，以備將來擬定營造計畫時，可以分成短期計畫和長期計畫。在此階段中，導師協助提供相關資訊，引導學生積極正向思考與討論，並不斷協助學生打開視野，例如：正遇到波蘭前總統華勒沙到台灣來訪問，說「我永遠不忘記我是工人總統」。導師看到這則新聞後，就蒐集很多有關華勒沙與波蘭建國史的資料，做成大海報貼在教室給學生閱讀。

班級總體營造計畫的擬定

依據踏查出來的資源，檢視有哪些夢想是現階段擁有的資源所能實現的，就先訂下短期營造計畫，有哪些夢想尚無資源可促其實現，就讓它還是夢想。例如：班上有位家長是水電行老闆，他就是班級的資源，在經過他應允後，該班即可訂定一個全校簡易水電維修計畫。由該家長來校教該班學生認識水、電管和維修技術，經過學習後，該班即可向總務處申請擔負全校簡易水電維修任務。

班級宣言的宣示

為了營造最有魅力的班級，班級成員要一起討論班級的自律公約（社區憲章），並用一句象徵性語言做為全班努力的目標，例如：我們班讀書風氣不太好，但我們班會修全校的水電，是黑手、是工人，我們以華勒沙為榜樣，所以我們班是「培育總統的搖籃」。

班級識別系統的建立

識別系統可呈現班級的精神，由美術老師設計在課程中進行討論與教學，學生依班級營造目標集體設計出班級視覺系統的LOGO，並繪製完成。例如：「培育總統的搖籃」班級，設計出來的LOGO是以紅色為底圖（代表社會主義精神），畫上鐵鎚、螺絲起子和鉗子三種修水電工具架起來的圖案（乍看之下像三槍牌標誌）。這個LOGO用在班服製作、班級清潔區域的標示、活動海報的刊頭，而且要為產生的每個LOGO創造豐富感人的故事。

建立相互扶助的情誼

要營造讓學生在自己的班級中都能過自在的生活，教師須在過程中適時拋出讓學生「有感」的議題，並隨時提醒發現問題、挖掘資源以解決問題，例如：班級裡有一個智能不足的學生，在分組學習時，總拖累小組討論的進度，於是，教師拋出「他需要什麼協助？」「他需要誰的協助？」「誰可以協助他？」「討論變慢有什麼不一樣的發現？」等引導思考的方向。或許學生腦力激盪的結果是「我們應該輪流照顧他去上廁所」、「上放學時，應該要有人每天帶他上下專車」、「我們可請他的媽媽來分享從小照顧他的心情」，班級氛圍也逐漸轉變，最後這個班很自豪以「經營小太陽的家」為班級宣言。

人與自然共生

在班級自豪的營造過程中，資源相繼湧入，班級的親師生交流活動熱絡了起來，教師要適時揭露「地球資源有時而盡」的概念。例如：多數班級會辦理一家一菜、班遊烤肉、以麥當勞餐慰勞學生等等，常常是消費過量。此時，教師引導家長與學生反思「每次都這樣吃吃喝喝好嗎？」「每次都用不環保的餐具好嗎？」「在溪的上游烤肉好嗎？」「我們知道阿嬤的拿手菜嗎？」「小時候我家前面小野花叢的螢火蟲還在嗎？」當學生的心被撼動，就會轉念，班級活動就會逐漸進化了。

班級空間的營造

學生對班級空間的營造的討論，是建構班級公民討論平台最具體的方法，其間吵鬧、爭執與融和互見，教師是旁觀者、記錄者，綜合其所見所聞，引發學生更深入、細緻的討論，直至提出可行的解決方案為止。例如：希望能布置成咖啡館的班級，雖無法如願以償，最後可以在班級設置咖啡角，把他們共同決議的班花——桂花，布置在咖啡機和咖啡桌旁，並在該班的外掃區（圖書館）的入口處排滿桂花，理由是桂花的幽香可令人靜心閱讀。更重要的是：一看到桂花，就知道是我們班的領土（認養的外掃區）。

班級刊物的編輯

班級自豪運動是在整個學校課程運作系統中，當全校學生每週有六節社團課程，班級就有水墨畫社、採訪社、書法社、射箭社、合唱團、薩克斯風重奏團、資訊社等各種專長的學生，家長與社區的資源也在校園中流動，透過各社團教師的指導和導師的整合，各種五花八門的班級刊物就出籠了。

班級活動的辦理

進入此一階段，班級的自我動能漸強，已能善用資源辦理班級活動，例如：班遊、班級電影院、班級讀書會等。同時也啟動全校性的學生自治市組織，主辦全校性的活動，例如：棋王大賽、金臂人大賽，邀請各班級參與。全校學生下課時間忙著參賽、觀賽，學生違規率幾近於零。

營造經驗的交流

欣賞與分享是社區進步的能量，遇到自己班級的瓶頸，導師之間、家長之間做經驗交流，也帶領學生欣賞別班的成就、分享自己班上的營造歷程，彼此互相學習和打氣。同時，也辦理和友校分享活動，包括學校互相參訪、參與全國性社造研討會、日本社造見學、九二一災後重建學校互訪等。

班級總體營造是從「問題的認識」到「環境的覺知」，再到「情感的認同」，而臻「行動的實踐」的集體學習歷程，在這歷程中，親、師、生共同經驗著每一事件，創造出自己獨一無二的班級文化臉譜，更對外展現出獨一無二的學校文化臉譜。

很多人聽到我的理念，忍不住好奇地問：「光憑這樣的活動參與，真的能影響孩子對社區學校的看法嗎？」我的想法是，在這個學習機制中，每個學生建立了自己的自信，培養了參與公共事務的興趣和能力，以自己的班級為榮，以自己的學校為榮，以自己的家鄉為榮，其實就是孩子們的「班級自豪運動」、「學校自豪運動」、「故鄉自豪運動」。如果每個孩子從小就習慣於這樣的參與模式，台灣距離成熟、進步具公民素養的社會也就不遠了。

打造孩子的夢想王國

有個玩笑是：你走在維也納的街上，不小心踢壞一塊石磚，就毀了一個藝術品。當我們來到歐洲，讚嘆這裡的一磚瓦一藝術之後，最後還是得回家。

家鄉，是一塊至親且豐富的土地，等待我們去重建她的面貌，我也深知需要一套有效的機制。夢裡尋她千百度，社區學校，是最根本的地方，而學校要讓孩子從小建構實質的行動能力，就從他們所使用的教室和休憩的校園空間開始，是最具體、便捷、有效的。

「班級空間營造」就是各個班級把自己外掃區當成是一個空間的資源，成為凝聚班級共識、展現班級魅力的地方。這個方案鑲嵌在「班級自豪運動」中，也間接建立了班級識別系統，讓孩子設計自己的班歌、班服，在深化班級認同之餘，豐富了班級成員間共同的想像和生活經驗，也強化孩子的榮譽感和自信心。

楊佳羚老師（現任教於高雄師範大學）——既不是「土生」也不是「土長」的柑園人，剛從師大教育系畢業，帶著無比的創意、揮灑不完的熱忱，投入故鄉的懷抱。她在這裡當了三年的孩子王，肩負訓育組長和總務主任這兩個職務，也讓她能夠盡情帶著孩子們築夢。

校園空間營造會延伸到社區，看似巧合，實則為校園和社區的議題一個一個地「被看見」。

小領袖的政見奏效

每年二、三月，是「柑園自治市」候選人狂飆的季節。「各位同學，假如我當選了自治市長，我會建議學校改善車棚的照明設施」、「我會提倡圖書借閱的風氣」、「我會建議改善午餐的菜單」、「我要多舉辦體育活動」、「我希望把創校紀念碑附近開闢成校園民主廣場」、「我希望把校園的草坪變成可以遊戲的地方」、「我希望……」等等政見不一而足；當選的小領袖和他的內閣在就職典禮時有板有眼的施政報告，在在都讓我深信：該是學校行政有計畫地透過小領袖的帶領，讓孩子們共同參與營造「景點」的時候了。而且，如果能引進建築師的專業資源，引導孩子們打開視野，孩子們實質的參與過程，是在創造彼此刻骨銘心的共同文化經驗。

這就是「參與式設計」在柑園國中的發軔。

一個如日初升的生命殞落

一九九七年十二月一日，傍晚的濛濛細雨，我們送走了一個活潑可愛、原本對人生有無限憧憬的小生命。一年級的陳書瑋，那麼遵守交通規則，卻仍難逃卡車司機不小心的命運。她的陳屍地點，讓我們不得不相信這是一條險象環生的道路，除了無限哀思外，在校園裡又掀起了廣泛的討論：過窄的巷道，如何減少交通事故，成了當前最大的課題。

在社區學校裡能做的是：以「我們需要一條上學的步道」議題，在社區裡產生「一朵小花」的效應。

社區造街修景概念的扎根

自治市和一年級的小同學，是在總務主任楊佳羚老師有計畫的引導下進行討論。她在十月底的一個週會時間，以「校園空間創發」為題，引發全校學生的廣泛討論，所拋出來的主題是：

校園裡很多空間死角怎麼辦？

如何擁有足可休憩與人際互動的人性空間？

校園空間可不可能延伸到社區，與它們結合？

校園空間的營造能不能展現班級特色？

校園空間創發能不能與班級識別系統結合？

「校園新景點創發行動」就是從「班級空間營造」問題討論激盪出來的點子，自治市閣員們經過至少二十次的討論，共同結晶出「花榭大道」和「校園民主廣場」的構想。這個創意的引信一旦點燃，更引爆出「推倒圍牆走入社區」、「各景點認養工程標案」、「步道瓷磚拼貼」、「至美軒茶坊劇院」、

「音樂廣場」等創意火花。

爭執是必要的

一群十二、三歲的小蘿蔔頭和一個初出茅廬、稚氣未脫的老師，與其說「討論」班級的空間營造計畫，不如用「吵架」來形容比較貼切。

記憶猶新的是校門口改為花榭大道定案後，二年智班標到這個工程，當班上討論花架上要種什麼花的時候，女生們主張種紫藤：

「陳錦老師（她是學校工友，每週擔任水墨畫社團義務指導老師六節課）最會畫紫藤，待將來紫藤盛開時，大家可以在紫藤花下欣賞陳錦老師畫畫、泡茶……」好個詩情畫意的夢想。

男生們則極力反對：

「再過一年還沒等到紫藤長大就畢業了，還欣賞什麼花？泡什麼茶？不如種絲瓜，至少還可以吃！」引來男生們的掌聲和笑鬧聲。

只見導師眉頭深鎖，準備他們廝殺完再清理戰場。你來我往、唇槍舌戰一番後，終於協商出結果：校門右側花架種紫藤，左側花架種絲瓜。

關鍵在吵架過程中導師也按捺不住，時時提點：「○○○，有一點紳士風度好不好？」、「○○○，你要聽懂對方剛剛說那句話的意思喔！」、「○○○，你講話的語氣太衝了喔！」

多年之後，一位家長透露出一個秘密：

那時候我兒子他們班決定要種絲瓜，他回來討救兵，要找免費的絲瓜苗，校長也一直告訴孩子們：「種菜技術和知識，我們都不如阿公阿嬤。」我婆婆就說：「田裡有幾棵種剩的絲瓜苗，我們拿去種好了。」第二天我就和婆婆帶著孩子們一起去學校種絲瓜，並交代「種好絲瓜後，你們每天要來澆水」。接下來放春假，我偶爾會到學校去看看絲瓜長得好不好，「不得了！學校的絲瓜怎麼長這麼快，才幾天就長這麼長，比我家的還長！」我告訴校長，校長還打趣地說：「是啊，學校土地肥沃，加上你們這麼多人的愛心在灌溉，所以長得特別快。」過幾天我們班開班親會，我洋洋得意地逢人便說，一位媽媽就說：「看你那麼開心，我實在不忍心拆穿，其實是你們種完第二天，我和我先生去散步，看到那個絲瓜苗太小了，我家有比較長的，所以我們又重新種過一遍……」大家聽了都哈哈大笑，從此成爲趣談。

家長因為孩子的邀約而進場，參與後又創造了更豐富的故事，彼此感情就更緊密。當年夏天絲瓜收成時，男生們洋洋得意，如今開同學會時，「只見紫藤冉冉開，不見當年綠絲瓜」，當時吵翻天的男生們，現在都已是風度翩翩的紳士了。

美學教育無所不在

在天真爛漫的孩子漫無目的討論的同時，美術老師已悄悄地配合行政處室的進度，規劃出充實的教學內容。一九九七年九月開始，新加入教學行列的吳秀貞老師，引領著孩子進入公共藝術鑑賞的領域，並用一個多月的時間，指導孩子繪製校園空間創發的立體透視圖，讓所有孩子恣意勾勒自己理想中的學習環境。當孩子的作品展示出來，我們的血脈在僨張，因為，我們從不知道孩子有這麼多的創意，只是大部分的孩子太寫實了，把那鮮為人知的創校紀念碑繪得像極了墓碑。社區公聽會那天，爸爸媽媽們看到自己孩子的作品，雖然嘴裡都嫌畫得太醜，但卻從他們的眼神中讀到難以言喻的驕傲。

他山之石的見學之旅

從小在農村面貌逐漸模糊的柑園長大的孩子，依賴學校教育重建文化的過程中，是會面臨價值衝突的。孩子無限的創意值得激賞，但不一定全部可用，這時，老師們扮演了說服者的角色。在「創意終結者」和「創意催生者」之間，預期會有捉襟見肘的窘境，所以，「他山之石」見學行動，成了我們攀登高峰的另一藥方。

這個由校長、老師、社區家長自發性組成的見學團，人數總在五至十五人之間，足跡遍及日本新潟縣、山形縣、愛知縣、福島縣、東京都、德國的漢諾瓦、荷蘭的阿姆斯特丹。而台灣的都市和鄉村、山巔和海濱、原住民部落，更常接受我們的造訪。這種深度文化與自然之旅結束之後，都會拍回很多幻燈片並做成文字紀錄，其中，可做為公共藝術和校園建築教材的部分，就在行政處室縝密的規劃下，邀請參與的老師公開發表，為孩子開啟了另一扇可以激發創意的窗口。

這支令人激賞的隊伍，在向其他團隊學習的同時，也藉由向友隊發表的機會，企圖為自己的團隊理念循序對焦，並不斷突破。這也是「敝帚自珍」之前使「敝帚成珍」的艱辛歷程。

小領袖初試啼聲——社區公聽會

在行政處室不斷尋求與社區接駁點的同時，孩子們的討論進度也到了「想要敲掉校牆」的階段，他們的理由是：

學校和社區應該是一體的，而校牆卻隔絕了彼此。

創校紀念碑前設計成民主廣場後，應是社區的民主廣場——因為這塊校地是社區人士捐贈的。

社區居民參與討論後再拆圍牆，以後大家才不會破壞校園。這看似完美的決議，卻讓我們心驚膽戰，於是，大家決定舉辦社區和校內學生的公聽會。一九九八年五月二十日，自治市發了兩千兩百四十六封（柑園住戶每戶一封）的海捕文書，內容是：

我們想要培育的孩子是……

——可以重新思考自己與空間的互動關係的孩子。

——可以了解社區歷史、文化特色、地方產業的孩子。

——可以勤勞動手、認真學習，把理想付諸實現的孩子。

在帶動孩子參與校園空間營造後，我們發現孩子有源源不絕的創造力，可以使老屋新生、讓空間復活，使校園空間更人性化，更能與人產生互動而留下成長的記憶。

我們……

——有一筆來自縣政府補助的小錢。

——想把這份小錢發揮最大的功效。

——想讓孩子共同來體驗重建校園新景點的過程。

——希望社區共同參與，做為營造家鄉的起點。

但是……

——我們畢竟不是專家，我們還需要學習，集結眾力！

——我們需要您的加入，讓我們一起帶著孩子成長！

我們需要您的事業專長或業餘興趣，帶著孩子把夢想具體實現。

我們需要柑園本地的工種，讓校園空間營造充滿地方味，有地方的材料和人才。

我們需要您一起教孩子體驗空間規劃、土木工程及園藝栽植上的專業知識。也許，就在這樣不經意的播種中，會讓孩子走出屬於自己的不同人生之路。

我們的條件……

——有閒。

——有心。

——有相關工種的知識和經驗（開業或業餘）。

讓我們有錢出錢，有力出力，為打造孩子的夢想王國而努力！

五月二十七日（星期三）晚上，學生自治市、建築師、老師、家長在柑園土地公廟前的大榕樹下，展開一場別開生面的對談。這個夜晚，母親們的共同焦慮是：拆掉圍牆，學生安全問題堪慮。自治市的孩子卻說：圍牆只有兩個作用，一是防止學生跑出去，一是防止壞人跑進來，前者只要我們自律就可以解決，後者是社區治安的問題，圍牆再高也無濟於事。公聽會結束，讓孩子的夢想實現了一大半，因為，家長都被感動了。

這場聽來頗為熱鬧且具效率的公聽會，其實只有三十幾位社區家長參加，本來師生是有些失望的，但想到台灣社區總體營造的路是那麼漫長，這是我們早就有的心理準備，也就釋懷了。

期望舞出神韻

每當我們有任何奇想，討論到最後，總礙於教育體制或行政官僚體系的滯礙。善喻的李惠銘常說：「我們好像戴著手銬和腳鐐在跳舞，雖能舞出些許韻致，但總是事倍功半。」但相較其他天時、地利、人和樣樣都缺的團隊，柑園已算得天獨厚了。所以，我們常以「理想與現實總有一段差距，否則，就失去了奮鬥的餘地」自惕與自勵，只留汗而不流淚。

「打造孩子的夢想王國」，是我們領著孩子凡事從問題的認識、環境的覺知、情感的認同到行動的實踐，逐步建構學習型的學校、學習型的社區的切入點之一。而這踏實的步履，就是具獨特神韻的舞步了，在我們的窗外，時時都是藍天。

火金姑來喫茶

「火焰蟲，蝍蝍蟲，楊桃樹下吊燈籠……」、「火金姑，來食茶；茶燒燒，來食芎蕉；芎蕉冷冷，來食龍眼……」真善美廣場上，孩子們唱著社區媽媽前來教唱的拗口童謠，兩個班級正用客家和閩南語童謠拚館，老師和家長們聽了內心在沸騰。

透過課程復育螢火蟲是遙不可及的夢想，但透過「螢火蟲消失了」的議題設計系列課程，卻是學校與社區結合的絕佳機制。

山北町驕傲的老人

一九九五年我們一行人到日本新潟縣見學，在參訪山北町役場（類似台灣的鄉鎮公所）時，觀光課精心安排了「經驗分享座談」，看到五、六個約莫七十歲的歐吉桑魚貫走進會場，我傻眼了。

歐吉桑們個個正襟危坐：

「我們這聚落，總共有兩百多個人，老人佔93％，其他都是小孩。年輕人很少很少，都是公務員，小孩上學，老人都努力做讓自己有魅力的事。」

這時我才發現歐吉桑人人手持著一塊看板。

「山北町臨海靠山，小時候我們都可以看到很多螢火蟲飛來飛去，現在拓寬馬路給車走，草叢不見了，晚上燈很亮，螢火蟲走了……」

「我們一群老人常常聚在一起懷念有螢火蟲的童年時光……」

「老人們決定一起清水溝、除掉有刺的草、種螢火蟲喜歡的草，溪水清了，人流汗了，螢火蟲看得到就回來了……」

「我們的聚落憲章第一條是：晚上開車回來的人，在寨門前都要把車燈關掉，摸黑慢慢駛進來……我們的聚落叫做『火金姑的故鄉』。」

老人們津津樂道著，沒有一絲哀怨。

山北町離東京需要新幹線四小時加上公路兩小時車程，是個人口過疏的高齡社區。這些老人年輕時在大城市創造了日本戰後經濟的奇蹟，退休後由子女奮力接棒，他們則回家鄉尋找共同的回憶並創造新的生命故事，所以，人人有事做。

整個山北町有四十六個這樣的聚落，才一萬多個居民，每年卻有近一百萬個觀光客的吞吐量——包括來自台灣的我們。當然不是只靠「螢火蟲」，而是眾志成城的聚落特色、創意、故事、人情味和黃金海岸……

反教為學的逆向思考

一九九八年二月，那是一個寒假，生物老師朱麗娟帶著一年級「四藝社」的小同學，從柑園地區的大、小水溝採水回來，放在顯微鏡底下，做了一個星期的觀察和統計。孩子們發現小小的柑園地區，每一條水溝的生態並不一樣，於是，師生展開「向社區學習」的踏查、訪談和記錄。

這件事情早在一九九六年就由陳翰霖老師（現任教於慈濟大學）帶領的「鄉土研究社」做過一輪，那一年的戰利品是編印成《柑園遊賞》做為爾後柑園孩子認識家鄉的教材，由於老師的學術背景不一樣，陳老師帶領偏重社區的史地發現；麗娟老師這一次則由《柑園遊賞》按圖索驥，而著重在改變社區生態行動方案的訂定與實踐。

孩子們發現柑園這小小九平方公里的土地上，蓋了一千多間的鐵皮屋：

「沒辦法，政府要我們休耕，補助的錢太少，我就蓋鐵厝租給人家開工廠……」

「三鶯橋頭板新水廠上面那個攔水壩做好以後，我們這條水溝常常沒水，怎麼種作？」

「本來我沒蓋，因為隔壁蓋鐵厝的時候，把地填高，害我的田都淹水，只好也跟著蓋鐵厝……」

「下雨時水溝會有水，有時候石門水庫也會放水，但是整條水溝都是工廠排出來的毒水，連菜都不能種，到處都是菅芒和咸豐草也不是辦法……」

師生經「向社區學習」後，歸納出柑園自一九八五年以後鐵皮屋如雨後春筍林立的因素有：

1.早期「家庭即工廠」政策導致在鄉下的違建取締不嚴厲；
2.上游鳶山堰的修築，使得四季灌溉水源不穩定，導致無法耕作；
3.廢毒水的排放已嚴重污染農田，其中以染整廠排放的「銘」污染最嚴重；
4.居民對政府的休耕補助費不滿意；
5.年輕世代受良好教育後，不願也無暇下田耕作；
6.蓋鐵皮屋出租的收入是農業所得的一百四十倍。當居民競相搶建的同時，除違建工廠外，當然就雜草叢生了。

這是人住的環境嗎？

柑園，到現在仍是新北市的特種農業保護區。照理說應是阡陌交通、雞犬相聞。

鐵皮屋、臭水溝、廢毒氣、菅芒花、咸豐草，這是人住的環境嗎？

違建工廠中，除了家具製造、針織、紙器外，還有染整廠和電鍍廠、家具和紙器廠，易招致火災，而染整和電鍍則常排放不明的氣體和有毒的廢水，越來越不適合人居。除了科學儀器偵測外，可從環境中的指標生物觀察而得，而螢火蟲就是指標生物。

養螢火蟲是為了讓孩子觀察環境的變化，如果真能讓學校變成社區的生態示範區，也是美事一樁。柑園五里的居民，每到螢火蟲飛舞的季節，就可到校園裡來享受、回憶兒時的樂事，而要讓帶翅膀的螢火蟲，願意留在校園裡，改善校園環境是第一步。而且，只要種滿本土的蜜源植物，就能吸引很多昆蟲和鳥類，於是，我們有了把校園經營成社區生態示範區的企圖心。

「向社區學習」的新解

一九九七年我們第三次到日本福島縣見學，前一次與千業大學宮崎清教授有約，今年需交出一點成績。在結束見學前的座談會裡，我提出「以社區空間為教室，以社區的文化為教材，以社區住民為老師」的「向社區學習」做為團隊實踐「學校社造」的論述。

「三峽有老街、祖師廟，鶯歌是陶瓷重鎮，樹林是紅露酒的故鄉，我們有什麼……」

「有，我們有的是菅芒和咸豐草……」一點都笑不出來的笑話。

一般想與社區結合的學校，最大的困境是「我們學校所處的社區沒什麼特色！」怎麼「向社區學習」？我不以為然。

向社區學習的第一層意涵是：社區可以現成的資源供學校的孩子學習。高社經背景的社區，有學有專精的教授、醫生、企業家，透過邀請授課或訪談，可以讓孩子挖寶，有古蹟、特產……透過踏查或研究，足以讓孩子自豪。這是一般學校所界定的「社區資源」，但是，這是可遇不可求的，台灣大部分的中小學沒有這種際遇。第二層意涵是：社區有待解決的問題，學校因此研發出課程。一群中輟生集結在「宮」裡抬神轎、抽菸、打群架，老師看到這問題已不只是學校的問題，所以衍生出「社區慶典文化活動」的課程。第三層意涵是：社區居民有想法但沒做法，學校把它整合成實踐方案並一起執行。第四層意涵：學校與社區因為「共振」而產生新方案並實踐。

從養一隻螢火蟲開始

任何活動的設計，都有一個教育的信念要推行、教育的目標要達成。一九九八年八月開始，為了讓孩子了解自己生活環境的污染變化，我們要養螢火蟲；為了養出一隻螢火蟲，我們須栽植本土的蜜源植物、我們需有螢火蟲之屋、我們需有乾淨的水道、我們需有觀察的儀器、我們需有……

但有一點最重要的事是：了解自己的生活環境，是為了創造更好的生活環境；為了創造未來更好的生活環境，我們須更了解現在生活環境的問題和提出有效的改善策略，於是，「螢火蟲復育和教育訓練」，成為柑園人改造家鄉環境的切入點，我們希望它的歷程是一個「參與式設計」的學習機制。以班級總體營造為目標，孩子、家長、居民和老師們共同參與。

「建構淵博知識體系」這一環節是解決疑惑的利器，一年的「社區生態教室」課程，由郭城孟、楊平世等教授和荒野保護協會的夥伴們帶領，將環境、生態和生命概念的啟發、價值的澄清，一系列在社區中扎根，知識的傳授和野外的實查，在在都宣示著生活環境對人類的重要性。透過這樣的學習機制，全校每一個孩子都動了起來。兩年當中，我們邊找議題邊想方法、邊罵邊做，大大小小議題共做了二十七件事——包括社區媽媽來學校教孩子唱童謠。

由於領著孩子邊玩邊學習，讓孩子長期的、無形的投入這個校園的「拯救」和「修護」工作，孩子們對校園的一草一木、甚至一隻流浪狗，都有深厚的感情，並能思考相關的環境問題，也因一連串成人世界溝通的困難，讓孩子感應「理想與現實總有一段差距，否則就失去了奮鬥的餘地」這句話的真實意涵。但又同時讓孩子因親自動手參與設計的過程，使他們自己的小小力量成為無限的可能。

學校社造的歷程即是一個永無止境的學習歷程，同時也是一個無限創意的歷程。我們的螢火蟲復育計畫，彷彿在平靜的湖心投下一顆小石子，所有孩子和家長的心湖掀起了片片漣漪。這不是兩年的計畫，而是我們要不斷往下走的一條路，哪怕我們到目前還沒有養出一隻螢火蟲，但每個孩子、每個家長都用滿心期盼，寄望有朝一日，在柑園有螢火蟲的「大發生」，那時就是我們的環境變了——水溝乾淨了、植物豐美了、空氣清爽了……。

而且，除了全校學生的參與外，「種子學生」的深度參與，將是未來改造社區環境不可忽視的力量。

南園再見！南園！

你我的生命是一首歌　有激越昂揚　有清緩小唱
你我的生命是一幅畫　有金碧輝煌　有灰暗抑鬱
幾經時空交錯　物換星移
它們都將　譜成柑園人的歌　織成柑園人的畫
只因爲　你我都須走入柑園的歷史　幻化爲護花的春泥

紛嚷多年的「台北大學城」開發案終於拍板定案。一九九七年十月，我們得到一個訊息：十二月二十四日徵收區內要斷水斷電，所有的住戶都要強制遷離。過去幾年，路過這裡，看到「狗官，還我土地來！」、「強姦民意，全家死光光！」、「貪污的人不得好死！」的白布條掛滿樹梢，當私下和居民聊天時，他們又覺得蓋大學是很不錯的主意，至少可以帶動地方的文教發展，所以，我們並不在意大學城開發這件事，總認為：他們只是鬧一鬧，才能把補償金額提高一點，台灣社會是惡質文化當道的。

十月份的一個清晨：

「我班上有孩子寫週記：『再過幾天我們就要搬家了，我們家要被拆了，我要轉學了……』孩子捨不得離開我們班。」

「我班上有幾個孩子因爲沒地方住，要搬回南部……」

「我班上有個孩子說將來要住到三峽的大樓裡，不能養狗，她很捨不得她家的那條狗……」

導師高峰會時，看似談著芝麻蒜皮小事的老師們，其實是無微不至地關心著孩子的情緒。這時我才意識到台北大學城開發案和柑園國中是有關係的。原來，佔地兩百公頃的大學城，不全在三峽，其中含括柑園約六十公頃的土地，面臨這塊土地人文肌理的即將改變，過去我們卻毫無知覺。往者已矣，來者可追，我們決定帶著孩子做這塊土地的巡禮，因為它的地點屬南園里，於是，由社會科教學研究會策劃「南園再見！南園！」主題教學系列活動，帶著孩子去挖掘家鄉的寶貝，而成為「鄉土教育」的實踐行動。

為「鄉土教育」正名

鄉土，它的名字很鄉很土；在傳統主流文化教材中，它總躲在陰暗的角落，然而，它卻始終在我們生命的最底層吶喊。如今，它已被用特寫鏡頭標榜著，說是對傳統一元化教材的反制也好，說是對教育內涵與方法的重新出發也罷，皆歸於：尋找自我的光華。

開始實施鄉土教育的時候，一般學校的共同困惑是目標的定位。

其實，只要回歸到教育的目標——培養一個孩子具有無比的自信，有獨立思考、解決問題的能力、有人文的關懷、有開闊的胸襟，為他的生命有一套完整的價值體系和生命哲學架構奠下堅實的基礎。鄉土教育就是架構在這個目標之下去培養一個有潛力的學生，塑造一個有動力的班級，創造一個有活力的學校，營造一個有魅力的社區，進而開創一個舉世獨一無二、非常有特色、有競爭力的國家，所以，它是很重要的教育目標之一。

鄉土教育的實施，從學校所在的社區去踏查，和土地對話，向土地學習，便可感受到和土地一起的脈動，進而對幾乎被我們遺忘的「母親」產生敬意，也引領著孩子認識家鄉的人文、地貌、產業、自然、歷史和文化等等過程中，重新檢視自己家鄉的寶藏，尋找自己足以傲人的地方。

但台灣這看似千篇一律、平凡無奇的千萬個社區中，尋找自我光華，是需透過「價值轉換」的。

在柑園，我們不標榜，因為我們沒有名山古剎可供憑弔、沒有老街美景可供炫耀。我們只想在這塊可親的土地上繼續揮汗，倦了有堆滿笑容的街坊鄰居可閒話家常，社區的老人小孩是我們的寶貝，社區的大小事務是所有人共同的負擔，人人都是社區民俗節慶的主人翁……總之，我認為鄉土教育的目標，不是在滿足人們懷舊的情愫，而是藉「發掘家鄉寶貝」機制的設計，在互動的學習過程中，拆除人與人之間那道無形的心牆，彼此願意走出自己家的門檻，去和別人溝通、去關心別人、去關心生活周遭的一切、去思考解決問題的方法，意即：喚醒孩子和社區住民對生活周遭的一切有感應。

柑園這小小幾平方公里的地方，經過一群老師不斷學習，透過逆向思考、價值轉換，像是發現新大陸：

在我身邊的一棵小野花，它對我生活的意義，高於陳列在故宮博物院的一朵牡丹花，因爲它是妝扮我家鄉土地的蓓蕾；我家門前的一條小河流，它對我生命的價值，大於長江和黃河，因爲它是灌溉哺育我成長家鄉土地的溝渠。

所以，從平凡無奇的社區中，尋找小小的光芒，看似一無所有的社區，都成了豐富無盡藏。

當社區成了豐富的學習領域之日，即是這片沃土全面翻耕之時，領著孩子尋根的歷程，即是故鄉的自豪運動，這套學習模式運用在各種教學活動及班級經營中，即是學校自豪運動與班級自豪運動，孩子在愉悅學習歷程中找到了豪氣，它，正是一把開啟兒童智慧之門的鑰匙。

創造豐富愉悅的共同文化經驗

「社區學校」有一個重要的功能是：社區的每個孩子在成長過程中，都須在這場所中共創學習經驗、擁有共同的文化經驗，共同去體驗這個社區的先輩留給我們的是什麼？這個社區的寶貝在哪裡？這個社區因為有我們而增加了什麼？這個社區的老老少少是不是有共同的夢想？我們是不是能包容、欣賞社區中異質的文化？我們希不希望自己的子孫在這兒過幸福的生活？我們彼此之間是不是相互學習的？我們彼此之間是不是親密而且信任的？這是將來長大後回來傳揚家鄉文化的共同素材。所以，在家鄉基礎教育學習的過程，應該就是「創造豐富愉悅的共同文化經驗」的經歷。

柑園的老齡人口真不少，也是在這波訪談中才發現的。我們走進每戶人家，幾乎都是老人守護著空蕩蕩的家園（年輕人都上班去了），經過訪談發現，老人們對自己生活了六、七十年的破房子和老鄰居眷戀不捨，他們甚至信誓旦旦地說：「等分完了土地（因為大學城採區段徵收），我們要再回來蓋房子，我們要繼續住在這裡！」眼角掛著晶瑩的淚珠。

我心想：牛步化的政府行政效率，不知道何時才能整完地、做完電信、排水工程，把土地劃給住民，而這些古稀之年的阿公、阿嬤，能完成心願嗎？

在訪談過程中，我們從住民驕傲的眼神中，看到了柑園農人生活的智慧；從耆老口中不絕的傾洩，了解了柑園先民墾拓的歷史；從他們永不褪色的記憶裡，一窺許多不為人知的辛酸和血淚。這一幕幕在在詮釋了「向社區學習」的意涵，這樣的訪談，並沒有因為系列活動告一段落而截止，桃子腳國中小創校後仍繼續著。

一九九八年一月十九日下午，全校師生兵分三路進行主題教學的踏查活動，在四個小時中，拜訪古厝、沿途農村景觀、聚落、植物等等，古厝的主人不厭其煩地為孩子們解說、導覽，回來之後，大家把美不勝收的景致用照片展示出來，又造成另一股旋風。

歷經三個月的深入「民間」，我們深深被這塊土地所吸引，很多人家仍保存一些廢耕後毫無用途的農具，這些蛛網塵封的農具，有可能是古物商的最愛，也可能在怪手無情拆除下，成為灰燼。於是，我們一一說服主人，把它捐給學校做為教具或陳列裝飾校園，屋主慷慨答應了。老師、家長委員和鄉土研究社的學生，利用假日一一搬運回來清洗，有的住民得知學校的願望，還親自送來「請求」保管，珍愛之情，銘感五內。總計，我們蒐集了約一百件古農具。

有了古農具，又為了「孩子們都不知道那是什麼」而大傷腦筋。於是，老師又祭出「舊愛新歡」的點子，我們對孩子說：這些古物，是阿公、阿嬤的「舊愛」，它陪著他們辛苦一輩子而養活一家人。現在，阿公、阿嬤不種田了，這些東西成了小孩子的「新歡」，希望小孩子能繼續保管它、使用它。

除了善性的啟發，我們設計公民學習的機制是：先請耆老到學校來講解各種古物的名稱、用途，然後讓各班在班會時間充分討論，寫出自己班級的標單。在標單中要條列本班討論出來如何保管和創意使用古農具的方法，在一次「自治市市政會議」時間，由市長主持開標，司儀一一宣布各班對標的物所開列出來的條件，然後讓全校學生票選條件最好的班級，讓每一件古農具有最佳的去處。就這樣，我們解決了二十件古農具的保管和使用問題。

後來，我們從各班的形象活動中，看到孩子的無限創意，米籃變烏龜、扁擔變蜈蚣、尿桶變花盆、豬公架變花架、魚簍變花籃、蒸籠演變成蒸包子義賣捐款給財團法人柑園文教基金會，秧船拿來孵苜蓿芽做素食壽司……

這次以「台北大學特定區拆遷」議題為切入點的課程設計和實施，就讓親、師、生一起創造了很豐富愉悅的共同文化經驗。整個實施的過程中，「向社區學習」的主軸，和社區住民產生共振，因社區家長高頻率參與孩子的學習活動而更具學習力，對社區的公共事務更具參與興趣和能力，對學校事務的參與也更專業且有效，學校教師也因深入社區而重新認識自己工作的環境，重新定位自己的功能，與社區一起脈動，形成一種新的校園文化。

尪公文化復活了

只要到了選舉期間，候選人對媽祖遶境、宮廟慶典活動無役不與，八家將、三太子是偏鄉學校傲人的文化傳承，「陣頭」已揚名國際。又為「本土化才能國際化」再加一註腳。

但這是一九九三年以後的事了，解嚴以前，它是被「進步教育」所忽視的。

一九八一年的一天傍晚，平日從不缺課的俊哲（化名）委屈來報：

「老師，等一下第八節輔導課我要請假……」

「你們導師准了嗎？」

「導師說為了去舅公家吃拜拜請假，不可以……」

「不是不可以，吃拜拜不用那麼早，小孩子那麼早去也沒事幹，你還是上完輔導課再去，保證你可以趕得上。」

那孩子因拗不過我而勉強坐在教室裡，魂早已飛到舅公家了。下課鐘聲一響，他飛奔離去。

那一天是農曆九月一日，待我忙完回娘家吃拜拜，坐定後遠遠看到一個坐在表哥旁的身影，那不是俊哲嗎？原來我的父親是他的二舅公，他的心懸了一整天都是為了到我家來。

我當姑姑的孫子兩個月的國文老師，竟不知道他就是自己的侄子。

在物資缺乏的年代，姑姑們總要等家裡有節慶的時候才攜家帶眷回娘家飽餐一頓。姑姑們回來之前，祖母就做紅龜粿、殺雞宰鵝地忙進忙出等待著，年紀小小的我總雀躍不已，我也總穿梭在三姑六婆的閒聊當中，聽她們總是在抱怨自己的婆婆、罵自己的老公、炫耀自己的小孩。

她們講話的語氣和眼神，是讓我提早社會化的學習場域。

不只如此，全村為了「迎尪公」慷慨解囊、虔誠參與，柑園國小每到這天也放半天假，是小孩子們心中的最愛。但是，我的老師看到從早上就如坐針氈的小孫悟空們，說：「吃！吃！吃！台灣人最愛吃，一年要吃掉一條高速公路。」

曾幾何時，隨著工商繁忙、價值觀遞嬗，這個慶典的精神已被破除迷信、勤儉愛國的口號湮沒了。學校面臨的問題是一群學生聚集在宮廟裡，美其名是練陣頭，其實是狼群狗黨、飆車、打群架、抽菸、吸毒樣樣來。一到哪個地方有拜拜活動，他們都成了扛神轎的「傭兵」，當然是中輟的一群了。

解嚴後的台灣社會，民間的智慧和活力都在厚實經濟力的支持下，以不同形式展現，一九九三年文建會的社區總體營造號角，以國家角色將民間蓄積的能量導入對自己生活所在的人、事、地、景、物，做重新檢視，進而改造自己的社區。所以，原本聯絡居民情感、凝聚社區意識、展現社區活力與特色的慶典活動，重新活絡起來，只要社區裡面有一座小小的土地公廟，就有故事。

翻轉民俗祭典形象，還原地方精神與文化

當我和學校老師們思索，如何呈現屬於柑園的傳統民俗祭典「迎尪公」，還原它美好的一面時，首先想到的是向學生做調查，希望聽聽他們對「迎尪公」

的看法，結果十之八九的學生第一個聯想到的就是電子花車，上面有穿著很清涼的女孩……孩子們一邊說還一邊露出詭異的笑容。

祭典原是一個地方精神與文化的表徵，如果我們希望找回傳統祭典的精神，希望孩子對祭典活動有正確的認知，那麼「認識祭典」是第一步。

柑園年長一代逐漸凋零後，很多人只是跟著別人拜尪公、吃拜拜流水席，但不知道誰是尪公？為什麼要拜他？最初「迎尪公」的目的已逐漸被人們淡忘。

相傳唐朝張巡、許遠兩位名臣因為在安史之亂中死守睢陽城，被朝廷追封為保儀大夫與保儀尊王，也就是今日的「尪公」。明鄭時期，尪公的信仰隨著漢人的遷徙而傳入台灣，在墾殖過程中，由於每次遭逢災難，尪公總能顯靈驅災，人們為了感謝尪公的保佑而奉祀它。所以，尪公的信仰背後代表著先民們由衷的感恩之心。

師生一起「迎尪公」

柑園文教基金會義工曾經將有關家鄉祭典的訪談資料收錄在鄉土教材《柑

園遊賞》的〈家鄉禮俗〉篇中，讓學生有更深一層的認識。

如何讓學生參與、與社區產生互動，是我們面臨的一大課題。社會科老師們利用每週五的教學研究會時間召開校內尪公文化祭籌備會議，討論相關事宜，構思活動，而我則負責和社區人士溝通，表達師生想和社區一起「迎尪公」的意願。

除了上課由老師講解歷史背景，學校並利用週、朝會時間，請來社區耆老向師生介紹尪公與祭典由來。此外，學校還舉辦尪公神像創意畫像展，讓學生根據他們所了解的尪公歷史典故，去描繪心目中的尪公圖像。活動現場反應十分熱烈，他們所描繪的尪公不一定是一般人對忠義之士形象的認知，有鍾馗的肩上扛著蝗蟲、小仙女的魔棒下滿是蝗屍、哆啦A夢的時光遙控器那端一片蝗海，原來，孩子的創意是如此奔放。

任何教室中的教材，都比不上實地觀摩。原本我們想要讓學生實際跟隨遶境的隊伍遊行，但社區前輩們婉拒了我們的要求，最後折衷的辦法就是孩子在校門口參觀迎尪公隊伍。

第二年，學校很早就參與社區居民迎尪公的籌備會議。在討論的過程中，彼此對於諸多細節爭論不休，經過歷時五個月的往返，終於達成不再用電子花車的共識，由各社區選出十個人當前導，社區的義警來維持交通安全。

為了加強孩子對祭典活動的信心，我們在課堂上播放了日本大阪御堂筋市民為了爭取二〇〇八年奧運所舉辦的國際民俗嘉年華會錄影帶，這個嘉年華會邀請了十多個國家的團隊來展現各自的特色。不遑多讓的是日本國本身有將近一百個鄉鎮的特色隊伍，都在這三天的嘉年華會大集合，展現了他們的創意，更充滿文化傳承的意味。讓師生了解到，祭典不一定就是落伍、迷信的象徵，它可以是地方團結精神的展現，甚至是一個國際化的文化活動，因而成為地方的驕傲。十年後證明二〇〇八年並沒有在大阪舉行，但御堂筋那場嘉年華卻烙在很多人的心板上。

新的學期開始後，「迎尪公」的日子也越來越近。為了尪公文化祭活動，從對外文宣海報的設計到製作每個孩子的面具，在老師的指導下，孩子們展開了一連串學習過程。

一九九七年的「尪公文化祭」在柑園文教基金會的全力支持下，全校師生和社區尪公隊伍一起遶境。但也不都是那麼順遂，每週一次的導師高峰會：

「校長說『老師本身就是班級的資源』，問題在我的專長是電腦，眞不知道和尪公有什麼關聯？」

「我們班討論出來的陣頭是『踩高蹺』，爲了做高蹺的材料吵來吵去，校長說『要地產地用，要富創意，要經過公民討論……』我建議用克寧奶粉罐來替代竹子或木頭，他們都不要，我放棄了。」

終於等到迎尪公的日子，孩子們興高采烈地從學校出發。當社區的爐主得知學生們準備的陣頭五花八門，耆老們也抱著「輸人不輸陣，輸陣歹看面」的精神，除了尪公神像、清水祖師爺、觀音菩薩像、土地公外，傳統陣頭、北管樂團、逗牛陣、三太子等統統出籠。由學校和社區組成的隊伍綿延一公里，在這場三小時的嘉年華會中，好不熱鬧，而看到許多阿公、阿嬤們也站在人群中爭相目睹遊行的畫面，好像全村都精神了起來。

兩位新來的老師困坐愁城之後，一個老師帶著孩子們透過逆向思考用「尪公vs.電腦」的陣頭開開心心去遶境，一個則全班空著手去遶境，當走到柑園街口時，每班的陣頭都興起街頭藝人的表演，只有這個班當觀眾：

「原來創意就是這麼簡單的靈機一現，不過用紙箱做電腦、用麻繩當網路的創意，困擾我好久，從創意到實踐眞的不容易……」

「當天我們都很高興，因爲他們挨家挨户表演完，很多阿嬷都塞給他們紅包，我們班的『府庫』充實了不少。」

從孩子中輟逗留在宮廟滋事、扛神轎拿「工錢」的問題到「一班一陣頭」參與社區慶典活動，是「向社區學習」四層意涵的總體實踐。我們更腦力激盪著：「慶典是文化的表徵」之後，嘉年華會式的慶典活動是否會造成「表象」？回到學校社造的思考：如何透過這些參與深化教育的意義？

推動社區教育的搖籃手

早在一九一六年一位美國偏鄉學校的督導Hanifan便提出「社區學校」的觀念。他主張學校就是鄉下社區的中心，由學校在社區中主動發展社會資本，推動社區營造，同時需由NGO介入。這是因為當時美國很多偏鄉地區集貧窮、文盲、犯罪問題於一身，Hanifan的計畫是從偏鄉地區的「社會資本」為切入點。

事隔百年，當今台灣的偏鄉，則更面臨工作機會少、青年勞動力外流、人口老化、外籍配偶比例高、學生外流的問題。偏鄉因缺乏政府機構的進駐，使得國民中小學常成為地方上最主要的政府機構。所以，基礎教育當成社區公共事務的一環，學校與社區攜手共謀社區的發展，應是天經地義的事。但是，這與傳統台灣中小學的屬性尚有一條鴻溝。

其次，就情感層面而言，學校是「鄰里學校」，與社區居民彼此認識、共同生活，充滿著「社區感」。學生感覺自己是受到照顧的、被鄰居看管的。社區居民實實在在感受到學校是「我們的學校」，窩在裡面的學生都是「我們的小孩」。家長參與學校不只在幫自己的小孩，也在幫別人的小孩。不但共同提升了孩子與家長的自尊，也讓孩子與家長知道自己可以做什麼。

一九九〇年代的柑園，能不能套用 Hanifan 的模式？

在我的生態學校系統架構中，既以「社區」為範圍，以校長所代表的行政、教師和家長為「鐵三角」骨幹，共同構築孩子的學習舞台。那麼，在半農半工的柑園地區，由學校發起籌組NGO，應是一條出路。

但是，要如何說服呢？

戴明建立「淵博的知識體系」的重要性再度提醒了我。於是我從文獻分析和現場比對，發現社區學校與社區的深度合作，發生的原因有：

1. 偏鄉地區。

2. 弱勢、多元文化地區。

3.高犯罪地區。

4.單純為了提升學生、學校與社區福祉。

前三項是為了「補不足」，因應社區的發展缺陷；後一項則是為了「更滿足」，有更健康的學生與社區。

就用這四個層次做為籌組基金會論述的基調，同時也做為柑園國中系統改善的「正向螺旋」吧！

從一九九二年十月第一次籌備會到一九九三年三月完成立案，花不到半年的工夫，其中募款只花了四十天，籌募了五百三十二萬七千元。而且是抱著極高的原則、快樂的心情募款。

林心正說：「校長，我先拿兩百萬出來，你先去辦理登記的手續。錢，以後慢慢募。」

楊勝坤立即反應：「不行，打鐵要趁熱，辦完登記以後，大家腳就軟了，懶得再動。而且，我們應該把這件事弄成整個社區家長的事，你捐兩百萬，將來就沒人理這個基金會了，因為他們沒參與捐款，就沒感覺，要割一點肉、流一點血但又不傷害到他的骨頭，將來大家才會有成就感。所以第一波我們要訂一個下限，兩萬元，校長，你去寫一張說帖，可以讓人心甘情願地把錢掏出來的說帖。」

第二天說帖出爐了：

「凡柑園人，不管是本地人或過客，都有一個共同的願望，那就是：活出柑園人的尊嚴，走出柑園人的希望。」同時，也透過籌備會議把柑園國中的校訓「與柑結緣•人和柑圓•柑結滿園」訂為財團法人柑園文教基金會的會訓。

行動派的李世聰和王欽益開始擬定募款對象名單和分配募款路線。

經過核心會議後，他們說：「校長，你是公務員，不能做壞事，如果妳出門去募款欠人家人情，將來有人來學校關說怎麼辦？」於是，我被分配的任務是在學校幫忙寫文案、設計各種表格和收錢存入農會。

事後有人分享：

「那天我們去○○○家募款，在小巷裡被狗追，還好我帶了雨傘，當打狗棒。」

「那是人家不想捐錢，故意放狗出來咬你。」

「No、No、No，他還是出兩萬元！」

事隔多年又一位董事回憶：

「那時候我們到〇〇〇家募款，老先生八十歲了，他把我們當學校老師，一直對我們訓話：『柑園國小日本時代的老師教我們養豬、醃蘿蔔，哪像現在的老師，要改、要改……』他越罵越生氣，足足罵了半個鐘頭，後來我問他：『歐吉桑，你要捐多少？』他指著兒子說：『去我房間櫃子裡拿五萬塊出來捐啦！』我就說：『歐吉桑，要不然我再給你罵半個鐘頭，你再捐五萬！』」大家聽了捧腹大笑。

基金會成立三週年，我們舉辦「一人一磚共砌美麗新家園」的小額募款活動，鼓勵媽媽捐「一天節省下來的買菜錢」、孩子捐「一個月省下來的零用錢」，壯大基金為一千萬元，也如期完封。

就這樣，楊生坤先生成了董事長，我則擔任執行長。

Hanifan等學者的做法是ＮＧＯ介入學校和社區，需有一個「掮客」執行學校與社區之間穿針引線的任務，柑園文教基金會則不然。

我們定位為「操作型」的基金會，二十一席董事中，柑園國中、國小各推薦三席董事，由這六位董事負責規劃自己學校的年度活動和成立「社區種子團隊」事宜，提到董事會來做腦力激盪和去蕪存菁的討論，然後與基金會共同具名執行。當然，所需經費就由基金會照單全收了。

很多人疑惑：你天天在搞社區的活動，實則，在一個凡事都需學習民主化的一九九〇年代（台灣一九八七年解嚴），教育局哪一個政策不是要求社區參與？柑園團隊只不過是貫徹「參與」的實質意義而已，所以，我常對夥伴們說：「我們不是在標新立異，我們是最貫徹國家教育政策的團隊。」

柑園文教金會成立之初，先以社區藝文活動為主軸，舉辦了「畫我家鄉」、「新春闔家控窯」、「歲末社區卡拉ＯＫ聯歡」、「社區音樂會」等活動。一九九二年開始邀請藝術團隊表演，像是知名的葉樹涵銅管五重奏、朱宗慶打擊樂團、幼獅管樂團、台灣省立交響樂團、亦宛然布袋戲、優人神鼓等都曾來到柑園演出。

在觀賞外來藝文團體表演後，柑園居民開始有了成立自己的藝文團隊的想法，於是一九九四年柑園國中的社團出現了劇場社、無伴奏合唱團、薩克斯風演奏團、打擊樂團、弦樂團等社團，讓升學壓力繁重的莘莘學子得到身心的紓解，日後也成為柑園重要的文化資產。

繼藝文和鄉土活動之後，基金會開辦了一系列「社區學苑」成長講座課程，包括文化、親職教育、親師成長團體、生態教室等不同面向，並且與國中家長會串聯成社區青少年輔導網絡，加入教育部「教學、訓導、輔導三合一輔導新體制」的實驗試點，釋放社區的教育能量。經過幾年耕耘下來，在地方上得到不少好評。一九九九年柑園文教基金會還承辦「全國教育行政工作者社區總體營造工作研討會」，把學校教育和社區改造的精神，積極推廣出去。

柑園地處郊區而非偏鄉，居民擁有祖產薄田幾分又勤勞節儉，所以普遍並不貧窮。只是把學校認定為是政府的、缺乏參與公共事務的意識，所以，我的策略是：以整體提升弱勢者的多元能力到促進學生、學校與社區福祉，與社區一起努力，一起承擔。

美國學者Sanders&Lewi在社區學校成功推動的案例中發現：首先，學生的成功有當下的學業表現，更包括畢業後的成就，關鍵就在學生身、心、靈的平衡發展與學習動力的維持。因此，學生與他們家庭的基本生理、心理需求、情緒的健康等，遇狀況都可以找到地方（學校或是社區）處理，便是一件重要的事。同時，不但是學校，社區也要創造可維持學生學習動力的環境，讓學生除了在學校學習外，放學離開學校後在社區裡也要繼續學習，這環境就是讓社區成為學習型社區。因而，社區與家長們對這種信念的支持，成為影響學生成功的重要變數。其次，社區參與、家長與教職員間有相互尊重的合作方法，將可使學校組織的品質，有向上提升的動力。學校建築物、體育器材和課外活動的品質可獲得改善，也可以為學校蒐集額外的資源而減輕教職員的壓力，更能促成一個安全的、有支援力的、互相尊重的學校氛圍。

柑園文教基金會的成立與運作，提供社區的校長、老師和家長（居民）一個參與平台。這個平台是由學校扮演「強心臟」的角色，讓社區的家長了解到：我有能力和場域去貢獻自己的時間、金錢和能力來讓我的孩子和社區的孩子共同成長的。也讓孩子了解到社區真的很喜歡他們，願意盡力去幫助他們，將來他才願意回鄉貢獻。這種讓大家都有「家」的感覺，如果這些孩子成為受過教育的公民，還會留下來，那麼，他們就可以讓社區持續運作，精進社區事務，這對未來的社區就會很有貢獻。

所以，它在柑園是「推動社區教育的搖籃手」。

父母是社區教育合夥人

剛回到柑園國中接手校長時，我利用暑假時間打了一輪電話給全校三百多名學生的家長。

很多家長接到我的電話都高興地說：「校長，你現在回來真好，我們都放心了！」

我說：「不對！你們不能放心，因為孩子是你們的，做我的學生是三年，當你們的孩子是一世人。你要很不放心地把孩子交給我們，你要來監督我們的辦學，我需要你的時候，你要踏進校園。」

事實上，我堅持的社區學校理念是在創造一種視野、一種理念、一種自信，透過學校的課程活動與社區文化的連結，推動社區的改造，並藉由許許多多精心設計的活動，點燃學生家長參與的熱情。我相信，只要學校和家長培養出合作默契，最直接受惠的就是孩子。

拉近家長和老師的距離

在許多人的刻板印象中，家長與學校的連結只停留在關心孩子的學業成績上，卻忽視了每位家長因為不同環境和職業所產生的十八般武藝，這些都是可供孩子學習的寶藏。

許多家長告訴我，他們是外地人，柑園對他們來說是一個陌生的地方，對環境不熟悉也導致缺乏自信，但經由協助班級活動和孩子們互動，不但更了解孩子在班上的表現，也更了解老師的想法，無形中拉近了彼此之間的距離。

學校不是做學問的象牙塔，我的社區學校目標就是要提升家長的自信，而增加家長自信的方法就是了解學校、參與學校事務、協助學校解決問題，讓家長有被需要的感覺。

「家長不是學校的客戶，而是教育的合夥人」是我一貫的信念。家長是社區基礎教育的利害關係人，這是一個「系統」的概念，學生來自社區，家長是社區的成員，當他們被納入社區基礎教育的系統裡，才能自信地告訴別人：「這是我們的學校，那些是我們的孩子。」

家長越有自信後，對於學校的參與度就越深，社區的主體性也逐漸顯現出來，促使學校教育成為社區公共事務的一環，這時學校與家長的關係，隱然有「合作監督」的光譜形成。一旦家長的力量進來，他們積極參與班級教育事務，再延伸到家長會，無形之中也成為一股教育改革的力量。

參與孩子的成長

站在教育工作者立場，我希望每個父母都可以為孩子的學習盡一分心力，所以我們舉辦了「社區學苑」講座、「父母成長工作坊」等活動，讓父母們藉由親身參與，了解孩子在學校的學習狀況，帶動父母的成長。

如果學校是企業，每次的班親會就好比是股東大會，我鼓勵老師能利用這個場合宣揚自己的教學理念，並且勇於對家長提出班級經營計畫，邀請他們一起參與意見、一起執行，共同搭建多元、開放的學習平台。

在我的教育生涯中，難免會碰到令老師害怕的「怪物家長」，有些家長在參與班級事務過程中，最後變成一種「情感勒索」，要求老師多多關照自己的孩子。這時我就會挑明地說，當上家長會長不是因為你的祖宗積德，是你自己歡喜做、甘願要承擔更大的責任，所以你應該把自己當作是學校的教育合夥人，協助學校傳達教學理念，而不是把自己當作ＶＩＰ。

想要讓家長會組織運作順暢，就必須培養具有宏觀視野的領導階層。所以我也用「母雞帶小雞」方式，將一些熱心公共事務的家長，帶進家長會裡。例如有一位孩子的家長剛開始只是固定星期天來學校幫忙修理門窗，我開玩笑地說他把門窗都修理光了！後來我看這位家長古道熱腸，就找他一起參與學校的活動，接著邀請他加入家長會，第七年後，他搖身一變，成為家長會會長。

當時柑園國中有相當比例的原住民學生，但學校礙於財力和人力不足，只能求助於家長會，熱心的家長會成員不僅籌措經費，請原住民老師來教導孩子們刺繡、木雕，期末還舉辦了義賣成果展。

經過幾年的運作，這群可愛的家長們成為我實踐教育理念很重要的左右手。原本他們對學校活動只是抱持著盡義務的心態參與，沒想到帶來了不一樣的收穫。

透明的財務運作

錢不是萬能，但沒有錢萬萬不能。

家長會組織是家長系統性參與校務的管道，健全與否的關鍵在財務的運作，因為家長會的經費是募來的，不管金額大小都裝滿信任與期待。

傳統的家長會長大抵皆由德高望重的地方仕紳或小有財力的人士擔任，校長敬之、畏之或感恩之。社會改變了，民主參與的聲浪鋪天蓋地，家長會組織屬性也改變了，經費來源多來自小額募款，當有一個透明運作的機制就能使更多人因信任與期待而願意捐助。

當因「個人信任」登高一呼而組成團隊，透過財務健全、透明運作後，彼此形成「公共信任」，和學校的合夥事業就能越做越大，影響的層面就越深越廣。這樣的參與者最後都累積了社會資本——包括家長、校長、老師和學生。

一個家長在多年後告訴我，當初他只是私心希望孩子可以得到老師特別關照，因而捐一點錢走進柑園國中家長會，但是三年後，卻是帶著公義走出校門。因為他參與了學校各種大大小小的活動，也將關懷層面從自己的孩子，拓展到所有的孩子身上，他說：「尤其是經濟弱勢的孩子，只因為得到小小的幫助，讓他得到很大的溫暖，於是不放棄自己，現在這些孩子長大了，偶遇時總是蔡爸爸長、蔡爸爸短的，成了自己的年輕朋友了。」

他說：「在一個班級裡不是只有你的孩子好就好，而是所有孩子都要好，你的孩子才會一起好！」

這位家長的話讓我感動莫名，也證實了我一向所堅持的教育理念是有正面意義的。

打破文化不利

二十多年前，某個星期天，我依往例上山到泰雅族部落的教會，等當地居民做完禮拜後向他們宣導不要酗酒和賣女兒的觀念。

那天我帶著女兒同行，到了小烏來，一下車，有個孩子馬上走上前來，拉著我的衣袖說：「校長，你們平地人最笨！」

我說：「你怎麼說校長笨？」

「因為昨天有四個平地人來游泳，三個被我們救起來了，一個死了，你們平地人真的好笨！」

經過孩子們七嘴八舌地描述後，我才知道在小烏來有個「風動石」，下面是一潭深不見底的河水，昨天有一群遊客前來遊玩，當他們撲通撲通地跳下水去，才發現不諳水性，一個個在河裡喊救命，是孩子們當機立斷跳下水去把他們救上岸來的。

這些孩子沒受過救生員訓練、沒聽過蛙式、蝶式、自由式、看不懂游泳學習手冊。

這群小女孩一直盯著我那九歲的女兒：「妹妹，你頭髮好長」、「妹妹，你的衣服好漂亮……」讓她很不自在。我因為急著進去，就對其中一個孩子說：「眉琴（化名），校長要去教會找你們的爸爸媽媽開會，你們陪妹妹在這裡玩。」

回來後，女兒告訴我，當我離開後，兩個孩子隨手摘下了路旁的黃金榕葉子，教我女兒吹「口笛」。但是，女兒一把葉子含到唇上就破了，嘗試了幾次之後都不成功，讓她感到很氣餒。

看她鼓著兩腮奮力吹著，就是吹不出聲音來，兩個大姊姊一面逗她，一面笑著，也讓她心裡覺得不舒服，最後她氣急敗壞地說：「哼啦！我會彈鋼琴，你們會不會？」

「鋼琴？是教堂裡那一台黑黑的那個嗎？」

女兒又說：「我會彈巴哈，你們會不會？」

「巴哈？李強（化名）家有一隻哈巴狗！」大孩子們還是繼續嘻笑著，我女兒卻以一副勝利者的姿態，看都不看他們一眼。

她心想：「你們連鋼琴長甚麼樣子、巴哈是誰都不知道！只會吹葉子有什麼了不起！」

聽完她的話，我的腦海中突然出現了一個叫做「文化不利」的名詞。台灣的國民教育普及，中小學遍布窮鄉僻壤與都市叢林，雖然大家在課堂上念一樣的教科書、接受一樣的學習課程，但就像城市與深山的孩子生長環境不同，對於「文化」的感受能力也是迥異的。

在一般世俗認知的「文化」框架下，不在框架內的孩子，很容易就會被貼上「文化不利」的標籤。所以，我們看到那些長年在部落裡奔跑，會射飛鼠、拗竹筍、用樹葉做口笛的孩子，來到都市後卻因看不懂紅綠燈、公車站牌，受到歧視。

我也曾經和學校主任帶著柑園的孩子到國家音樂廳聽銅管團演奏，結果燈光一暗、冷氣一放，不到五分鐘，孩子竟然睡到酣聲四起，讓我心裡很不是滋味。

事後我反省自己，才了解到想要讓孩子接受不一樣的文化刺激，必須按部就班地慢慢來。在沒有培養孩子領略音樂的美感之前，我以為帶他們到有氣質的國家音樂廳聽幾場演奏會，就會自動升級為世俗標準下「有內涵」的孩子，而不是讓孩子先從熟悉地方上的藝文活動開始。

同樣「文化不利」也會發生在都會區的孩子，他們會彈鋼琴、吹長笛，但沒了樂器唱起歌來就荒腔走板，下了爸爸的私家轎車走沒幾步路就嫌累；他們甚至以為桂竹筍是從地底下挖出來的、番茄是長在高高樹上的，不知樹葉口笛為何物……這些孩子以為全台灣都和台北一樣，不知過了一條溪、隔了一座山，各地風土民情的差異。這難道不是一種「文化不利」？「文化不利」是相對的，而非絕對的；事實上，多元文化沒有「利」和「不利」，每種文化都有它的特殊之處，彼此尊重、欣賞、互補，才能共榮，這是需要透過價值觀轉換的。

文化薰陶從家鄉做起

要讓孩子感受文化的薰陶，與其一開始要求他們鑑賞世界名畫、名曲，何不先從理解家鄉文化做起？台灣每個社區、每個鄉鎮都有它獨特的風土民情與文化，但可惜的是，我看過很多孩子對世界其他國家的特色朗朗上口，談到自己的家鄉文化時卻頓時語塞。即使講出來，大多都是在台灣小吃上打轉，忽略了就在他們家門口不過五百公尺的距離，可能有一座年代久遠的「同歸所」。

我相信經過不斷學習，孩子們會發現更多家鄉的意涵，這就是鄉土教育最大意義所在。就像柑園街旁有一條小小的灌溉溝渠，經過孩子們踏查研究，發現它是一條「土牛溝」，因而理解清領前期「劃界封山」、設立番界這段台灣拓荒史。

從平凡無奇的社區中尋找豐富的寶藏，帶領著孩子向社區學習的歷程，無形之中也幫助他們找到了自信，開啟智慧之鑰。

如何提升孩子的競爭力

社會趨勢潮流不斷在改變，讓很多家長感到焦慮，害怕自己的孩子缺乏未來的競爭力，輸在人生的起跑點上，所以他們不惜付出大筆時間和金錢，送孩子去學美語、學心算……想要學習各種才藝，培養孩子所謂的「競爭力」。

看到影子就尋找光源

一九九二年有一個經營小針織廠的家長，當我和他聊到台灣傳統產業的困境，他看到我憂心忡忡，他說：

「只有夕陽產品，沒有夕陽產業，靠的是品質的堅持和創新。」

我們談到製鞋廠、針織廠都出走，沒到大陸好像沒「錢」途，他卻說：

「因為中興、遠東跑到大陸，我的工廠才能越做越大……你別看我的工廠這麼一丁點，我的產值當中90%在支付薪水和購買原料，促進社區就近就業和就近經濟流動，對台灣社會是有很大貢獻的。」

我們談到未來的社會競爭這麼激烈，我們的孩子何去何從？到底現在該怎麼教孩子？要教孩子什麼？他哈哈大笑說：

「校長啊，你放眼望去，走到哪裡，年輕人都頭殼甩甩（台語，意似：沒有一點精神、意志力、方向感），只要我們把孩子教到頭殼挺直，就贏人家了！哪有什麼競爭很激烈這件事。從小學校教我什麼？老師教我要誠實，自己卻督學來了叫我們把參考書藏起來；你什麼都不用教，你就做給他看……」

從他的談笑風生中，我讀到：遇到困境逆向思考、教育人員要實踐自己所傳授的道理。我們缺的不是知識和道理，而是實踐。

我很想要告訴各位父母們，不管時代趨勢如何演變，有些基本價值是永遠不會變的，例如腳踏實地、刻苦耐勞的精神。而想要讓孩子的未來更寬廣，就應該從小培養他們勤勞的美德、健康的體魄，以及幫助他們找到自己的志趣。當然，還有更重要的是「身教重於言教」的正直和仁慈。

勤勞是最重要資產

二〇〇二年的一個早晨，天剛矇矇亮，我在桃子腳國中小的環校綠籬中拔草，一對每天在這附近晨跑的中年夫婦，停了下來：

那位先生問：「歐巴桑，這是政府請你來拔的嗎？」

我回答：「是！」

先生說：「政府一個月花多少錢請你拔？」

我說：「政府請我太貴了，我不好意思說！」

只簡單閒聊幾句，他們就離開了。我聽到先生對太太說：

「啊了啊！（台語，意似：哇塞！），這泰國仔台語擱這老（台語，意似：這麼厲害）！」

我的想法是：我是這個學校的籌備主任，領的是校長的薪水，創校準備過程的等待，與其西裝革履吹冷氣，不如彎下腰來揮汗如雨。清晨我的身影可以引來社區銀髮族，傍晚則又和一群結束工作的上班族朋友的聚在一起，我們暢談桃子腳的創造理念，一起勾勒著未來的夢，就連來偷我水管的流浪漢，我都用「以工代賑」提供午餐給他來做一小時除草工，他也成了創校的幕後功臣。更大的是收穫是：我們集結了初步的夢想和對桃子腳的共同期待。

我是個生長在農業社會的四年級生，當時的社會風氣是樸實的、人民是勤勞的。在我的父母那一輩都是靠自己力量去打拚，才能在社會上佔有一席之地。從小耳濡目染，讓我深深覺得柑園這塊土地帶給我最珍貴的禮物就是勤勞的美德，而我也把它運用在日常生活中，努力成就自己的學業、家庭和事業。

很多父母和孩子都認為「未來靠的是腦力，不是靠勞力」，一點也不假，但是「腦力」更需要勤勞，「苦思」不是「枯坐冥想」。我的經驗是透過身體的勞動能讓腦力更活躍，舉例來說：當我安靜地拔著草，我想到的是草為什麼這麼會長？這是什麼草？它有什麼作用？但當我和朋友杯觥交錯時，我就什麼都想不起來了。

健康是根本

健康很重要，聽起來是老生常談，卻是一個人立足的根本。

試問，一個孩子年紀輕輕地卻體重失控也不愛運動，每天喊這裡痛、那裡不舒服的，如何專心唸書，在課業上與人競爭？

現在年輕的孩子生活習慣普遍出了問題，我常常放學後看著一群孩子站在校門，手裡拿著炸雞排配珍珠奶茶，長期攝取這些高脂肪高熱量的食物，罹患心血管疾病的機率無形之中也增加了。台灣糖尿病人口逐漸年輕化，就是不爭的事實。試想年紀輕輕就被慢性病纏身，這樣的人生，不是已經輸在起跑點一大截？

家長們經常向我抱怨，孩子有熬夜上網打電動的習慣。他們因為沉迷線上遊戲，早上起不了床，也荒廢了功課。由於睡眠時間不足，孩子上課時無精打采，看在身為教師的我眼裡，十分心疼。身體帶來的反撲力量非常可怕，所以我常告誡家長們，一定要在可以管束孩子的年紀，好好替他們安排作息時間，否則過了青春期再調整，為時已晚。

我唸大二時，母親因腦瘤送進了台北市立仁愛醫院動手術，因此我每天都必須往返於師大和仁愛醫院之間。在母親住院的兩個月時間，我也真真實實感受到病人對於現實的無奈和未來的茫然。

青春期是孩子鍛鍊身心健康的黃金歲月，更是長高長壯的關鍵時期，父母一定要多鼓勵孩子運動，假日帶著他們去郊外走走，呼吸一下新鮮的空氣，對身心會有莫大的助益。

培養閱讀習慣

有了健康的身體，也要有豐富的心靈。

現代人過於依賴網路和新聞媒體提供的片段、快速資訊，以及所謂的「懶人包」，無形之中容易失去了思考力，容易人云亦云。一個進步和文明的社會形成，來自多元的聲音；一個事件的發生，有很多面向值得探討，不會是單一的見解。

訓練自己獨立思考的能力，最好的方式就是閱讀，藉由他人的生命經驗，提升自己的視野，增加思考的多元性與邏輯性。可惜現在一般人對於閱讀的需求大幅降低，這從出版業的明顯萎縮可以看得出來。

過去的教育著重知識層面的教導。的確，很多技能的學習靠實作，但實作遇到瓶頸就得從閱讀專業書籍來解惑甚至是提升技術層級了。所以知識和技能孰重孰輕，一直是互相辯證的。在我看來，兩者也依不同年齡層和不同技術需求而相輔相成。在某個階段，有了知識的基礎，技能能為你加上一對翅膀；但技能發展到了某個層次，博學的知識能讓你如虎添翼。

知識的獲得，閱讀最便捷；閱讀態度、方法和習慣養成的關鍵期則在中小學階段。

正直和仁慈的教導

正直和仁慈能教嗎？

三十幾年前，我曾帶三歲的女兒到三峽白雞行天宮廣場玩「套玩具遊戲」，遊戲規則是五元可換二十個小圈圈，然後小朋友用那小圈圈擲向排在不遠處林林總總的玩偶，如果套到了，那玩偶就屬於買家的。

「媽媽，我的圈圈都丟完了，沒套到半個，剛剛有一個別人的圈圈掉在這裡，我可以再拿來丟嗎？」

「不行，那不是你的。如果你想再玩，我們可以再買五塊錢來玩。」

君子慎微。幾年後我和家人住進柑園國中校長宿舍，小兒子看我晚上常到學校川堂打公用電話：

「媽媽，家裡有電話，為什麼要打公用電話？」

「家裡是學校宿舍，那電話和校長室是同一個電話，用的是學校的錢繳電話費，我剛剛打電話跟外婆講事情，是私事。」

我們也都曾有帶孩子去過療養院或育幼院去做愛心服務的經驗。在那樣的氛圍下，我們的孩子都能很虔誠、謙虛地做餵食、按摩等工作，等到離開院區，天真爛漫的孩子走在街上，卻用睥睨的眼神看著衣衫襤褸的街友。孩子們很熱心的響應「飢餓三十」捐款，看到與非洲難民有關的影片，卻異口同聲地說：「好噁心」！這種情形往往來自成人無心的教導。

正直和仁慈能教嗎？我很確信：能。但不是教條，不是喊口號，而是成人的身教。

如果我們的孩子勤勞、健康、喜歡寧靜的閱讀、凡事能逆向思考等條件都具足，再加上有正直和仁慈做基底，那麼我們的孩子就是有競爭力的人，而這時候的「競爭」，是共好的競爭。

教室外的最後一堂課

大衛・蒙納許—著

《最後的演講》加上《最後十四堂星期二的課》
一場關於生命課題的追尋之旅！

擔任教師的大衛突然被醫生宣告罹患腦癌，但大衛決定用僅餘的生命去拜訪曾經教過的學生們，與他們分享彼此生命中的「優先清單」，思考人生在世真正重要的事。他以101天的時間，總共走訪了31個城市，探視了75位學生。這並不是一趟感傷的告別之旅，而是一場豐盛的生命之旅。

堅持
K老師給我的人生禮物

裘安．利普曼&梅蘭妮．庫普欽斯基──著

名大提琴家馬友友感動推薦：
這本書讓我相信一個人是可以改變世界的！

K老師的人生並不容易：活過戰爭的恐懼，成為失根的移民，妻子重病，女兒失蹤……他比誰都更有理由恨這個世界。但K老師將面對生命逆境的勇氣，轉化為對學生的愛。他從不放棄，也不允許學生們放棄，「重來」是他的口頭禪。他認為沒有缺乏天分的學生，只有不夠努力的學生。他嚴格的教導與深藏的愛，讓學生學會在其他任何老師身上都難以學到的一堂課──堅持。而在多年之後，他們才驚覺，自己不知不覺間成為了多麼勇敢的人！

從玩紙飛機到上太空
夢想教室

植松努—著

「下町火箭」真實版！TED話題沸騰，
震撼200萬人靈魂「人生最感動的演講」！

沒有經驗，沒有背景，他如何從員工不滿20人的小工廠開始，到自製火箭上太空，讓NASA都佩服？支持植松努完成夢想的，是「只要敢作夢，美夢必定能成真」的信念。這本書即是為所有像植松努一樣的「追夢者」而寫，只要跟著他把夢想當作人生的燃料，把好奇心變成你的使命，每個人都能挑戰「不可能」！

國家圖書館出版品預行編目資料

改變，是為了給孩子更好的未來 / 王秀雲著.
--初版.--臺北市：平安文化. 2017.09
面 ;公分（平安叢書；第569種）
（Forward ;54）

ISBN 978-986-95069-4-6（平裝）

520.7 106014485

平安叢書第569種
Forward 54

改變，是為了給孩子更好的未來

作　　者—王秀雲
發 行 人—平雲
出版發行—平安文化出版有限公司
台北市敦化北路 120 巷 50 號
電話◎02-27168888
郵撥帳號◎18420815號
皇冠出版社（香港）有限公司
香港上環文咸東街 50 號寶恒商業中心
23 樓 2301-3 室
電話◎ 2529-1778　傳真◎ 2527-0904
總 編 輯—龔穗甄
責任編輯—平　靜
美術設計—嚴昱琳
著作完成日期—2017年5月
初版一刷日期—2017年9月

法律顧問—王惠光律師
有著作權・翻印必究
如有破損或裝訂錯誤，請寄回本社更換
讀者服務傳真專線◎02-27150507
電腦編號◎401054
ISBN◎978-986-95069-4-6
Printed in Taiwan
本書定價◎新台幣280元/港幣93元

• 皇冠讀樂網：www.crown.com.tw
• 皇冠Facebook：www.facebook.com/crownbook
• 皇冠Instagram：www.instagram.com/crownbook1954
• 小王子的編輯夢：crownbook.pixnet.net/blog